# 샌드위치
# 샐러드
## 배달장사는
## 이렇게 하라!

# 샌드위치·샐러드
# 배달장사는 이렇게 하라!

월 매출 1억 파는 소자본 창업 성공 전략

**초 판 1쇄** 2026년 01월 08일

**지은이** 샌코치
**펴낸이** 류종렬

**펴낸곳** 미다스북스
**본부장** 임종익
**편집장** 이다경, 김가영
**디자인** 윤가희, 임인영
**책임진행** 김요섭, 이예나, 안채원, 김은진, 국소리

**등록** 2001년 3월 21일 제2001-000040호
**주소** 서울시 마포구 양화로 133 서교타워 711호
**전화** 02) 322-7802~3
**팩스** 02) 6007-1845
**블로그** http://blog.naver.com/midasbooks
**전자주소** midasbooks@hanmail.net
**페이스북** https://www.facebook.com/midasbooks425
**인스타그램** https://www.instagram.com/midasbooks

ⓒ 샌코치, 미다스북스 2026, *Printed in Korea*.

**ISBN** 979-11-7355-639-5 03320

값 19,500원

미다스북스는 다음세대에게 필요한 지혜와 교양을 생각합니다.

샌코치의 창업 성공 핵심 솔루션!

# 샌드위치 샐러드

샌코치 지음

## 배달장사는 이렇게 하라!

월 매출 1억 파는

소자본 창업 성공 전략

미다스북스

# 샌드위치·샐러드 창업,
# 알고 시작해야 성공한다

2024년, 폐업 사업자 수는 사상 처음으로 100만 명을 넘어섰다. IMF 외환 위기보다 더 심각하다는 말이 나올 만큼, 지금의 자영업 시장은 혹독하다. 내수 부진, 경기 침체, 외식 소비 감소 등 원인은 많지만, 내가 현장에서 느끼는 가장 큰 이유는 분명하다.

코로나 이후 급격히 커진 '배달 시장'과 준비되지 않은 창업을 양산한 '낮아진 진입 장벽'이다.

배달 시장은 '적은 비용으로도 누구나 창업할 수 있다.'라는 인식을 만들었다. 그러나 진입이 쉬워진 만큼 경쟁은 더 극단적으로 치열해졌다. 아무 준비 없이 뛰어든 창업은 결국 높은 폐업률로 이어지고 있다. 여기에 배달의민족과 쿠팡, 두 거대 플랫폼의 경쟁은 자영업자에게 더 가혹한 구조를 만들고 있다. 안타깝게도 이러한 구조를 우리가 바꿀 수는 없다. 이제는 낮은 순이익을 인정한 상태에서 원가, 인건비, 시스템, 메뉴, 구조로 승부해야 하는 시대다. 배달앱을 이해하지 못하면 살아남기 어려운 시장이 되었다.

문제는 많은 예비 사장님이 이 현실을 모른 채 기대와 설렘만으로 창업을 시작한다는 점이다.

그리고 얼마 지나지 않아 창업 비용만 잃고 폐업이라는 결과를 맞는다. 나는 그런 장면을 너무 많이 봐왔다. 그 실패를 단 한 명이라도 줄이고 싶어 이 책을 쓰게 되었다. 3년 전, 내가 창업했을 때와 지금은 시장의 난이도 자체가 다르다. 이제는 '부딪치면서 배우면 된다.'라는 말이 더 이상 통하지 않는 시대가 되었다. 장사하며 배울 시간조차 허락되지 않는 환경이기 때문이다. 하루하루가 경쟁이고, 하루하루가 비용이다. 나는 많은 비용을 치르며 시행착오를 경험으로 바꿔왔다. 하지만 당신은 그럴 필요가 없다. 지난 3년간의 실패와 배움, 노하우를 이 한 권에 모두 담았다. 이 책은 '월매출 1억'이라는 목표에 가장 빠르게 다가가기 위한 '실전서'다.

전체 구성은 총 5단계와 부록으로 이루어져 있다. 1단계에서는 평범한 직장인에서 월매출 1억 사장이 되기까지의 과정을, 2단계에서는 샌드위치·샐러드 창업의 본질과 구조를 다룬다. 3단계에서는 사장이라면 반드시 갖춰야 할 태도와 마인드를, 4단계에서는 실제 매출을 만든 실전 전략을, 5단계에서는 샐러가든의 메뉴 레시피를 모두 공개했다. 부록에는 주방 인프라, 재료 정보, 창업 순서까지 빠짐없이 담았다.

은퇴 후 새로운 삶을 준비하는 중년, 퇴사를 고민하는 직장인, 처음 장사에 도전하는 사회 초년생까지, 제대로 알고 창업하고 싶은 모든 사람을 위한 내용이다. 장사는 결국 '스스로에 대한 약속을 잘 지키고 성실한 사람'이라면 이미 반은 성공이다. 두려워하지 마라. 혼자서도 갈 수는 있지만, 함께

가면 더 멀리 갈 수 있다. 이 책은 끝이 아니라, 시작이다. 이제 남은 건 단하나. 당신의 선택과 실행이다. 샌코치가 그 여정을 함께하겠다.

이 책이 나올 수 있도록 사업 전반에서 큰 도움을 주신 '강남역클라쓰(이하 강클)'의 강혁주 대표님, 박은정 대표님과 '레버프랜코리아'의 조성천 대표님, 김재경 대표님, 선성현 이사님, 그리고 '만월회'의 박제영 대표님께 깊은 감사를 전한다. 진심 어린 조언과 용기로 어려운 순간마다 큰 힘이 되어주셨다. 그리고 기민한 편집과 조언을 해준 미다스북스 편집팀에도 감사한 마음을 전한다.

마지막으로 나의 가장 든든한 지원군인 아내 김효은과 아들 김이준, 사랑하는 가족 모두에게 감사를 전한다. 끝으로 매일 같이 야채 씻느라 고생해주신 어머니께 이 책을 바친다.

2025년 12월 샌코치 김대의

# 목차

3단계

**다짐하기**

## 성공하는 사장이 갖춰야 할 7가지 마인드셋

4단계

**실행하기**

## 월 매출 1억을 만든 샌코치의 운영 전략

# 시작하기

## 평범한 직장인에서
## 월 매출 1억 사장
## '샌코치'가 되기까지

#퇴사  #시작  #장사전환  #경험의재해석

#기본기  #책임감  #기버(Giver)  #N잡러출발

## 샌코치의 핵심 미리 보기

회사원으로 일하던 삶에서 벗어나 장사와 사업이라는 완전히 새로운 길을 선택하게 되는 샌코치의 창업 과정을 그린다. 퇴사의 결정, 작은 경험들의 재발견, 그리고 장사의 기본기를 몸으로 익힌 우여곡절 성장기를 다룬다.

1　내가 처한 현실에 저항할 때, 또 다른 선택지가 보이기 시작한다.

2　끝까지 책임질 각오만 있다면, 실패는 아주 작은 시도에 불과하다.

3　알바·배달 등 사소해 보이는 경험들이 장사의 핵심으로 연결된다.

4　장사의 기본은 화려한 전략보다 성실함·꾸준함 같은 단단한 기본기다.

5　경험을 숨기지 않고 나누는 순간 가능성이 생기고 기회도 따라온다.

# 01

## 평범한 직장인에서
## 퇴사를 결심한 순간

"경험을 현명하게 사용한다면, 어떤 일도 시간 낭비는 아니다."
오귀스트 르네 로댕

### 잘 살고 있는 걸까? 의문이 들다

"팀장님, 저 퇴사하겠습니다."

회사 생활 2년 차, 제약 회사에 근무하던 나는 퇴사를 결심했다. 고작 2년 차에 너무 이른 결정일 수도 있었겠지만 지금 생각해도 후회 없는 결정이었다. 짧은 시간이었지만 다양한 사회 경험과 많은 배움을 얻었다. 그중 가장 큰 가르침은 '다시 회사로 돌아가지 않아도 될 확신'이었다. 회사 생활에 누구보다 최선을 다했기에 조금의 후회도 없었다. 단지 직장생활이 내게 어울리지 않는 옷이라는 걸 남들보다 조금 일찍 깨달았을 뿐이었다. 결과적으로 내가 느낀 건 그동안 그러했던 삶과는 거리가 멀다는 것이었다.

사실 나는 퇴사 이후 이렇다 할 계획이나 목표가 있었던 것도 아니었다. 평소 계획을 세우고 움직이는 성향이 아니었다. 우선 내가 뭘 할 수 있을지부터 고민해 보았다. '알바를 여러 개 해볼까?', '배달에 다시 뛰어들까?' 여러 생각이 들었다. 그때 마침 누나 생각이 스쳤다. 누나가 샌드위치 매장을 오픈한 지 3개월 차에 접어든 시점이었다. 불과 3개월 전만 해도, 누나가 장사를 하겠다고 했을 때 가장 강하게 말렸던 사람이 바로 나였다. 순간 '내가 왜 그랬을까…' 하는 후회가 몰려왔다.

하지만 자존심을 세울 때가 아니었다. 누나에게 퇴사하겠다는 말을 꺼냈다. 예상대로 누나는 몇 시간 동안 내 퇴사를 말렸다. 지금에서야 너무나 잘 아는 사실이지만 '오픈 3개월'이라는 시기는 '이걸 해야 돼? 말아야 돼?'라는 고민에 눈물 콧물 다 쏟는 시기였다. 이 시기를 감안하면 누나의 그 극렬한 반대도 이해가 되었다. 시간이 한참 흐른 뒤에야 알게 된 사실이지만, 누나 역시 너무 힘든 시기였다고 했다. 같이 하고는 싶었지만, 동생까지 힘든 상황에 놓이게 할 수 없다는 게 가장 큰 반대 이유라고 했다. 결국 끈질긴 설득 끝에 누나와의 동업은 시작되었고, 나와 샌드위치의 인연은 그렇게 시작되었다.

### 내 사전에 플랜 B는 없다

장사를 시작하기 전, 장사를 시작하면서도 지인들에게 가장 많이 듣는 소리가 있었다. "너는 너무 잘될 것만 생각한다.", "망할 때를 생각해라.", "플랜 B도 생각해라." 등이다. 지인들은 나를 걱정해서 하는 소리였겠지만, 나는 회사를 그만둘 때도, 장사를 시작할 때도 망할 거란 생각은 단 1%도 하지 않았다. 이건 자만이 아니었다. 내가 가진 '뭐라도 해!'라는 근성에 대한 믿음이었다. 힘겹게 누나를 설득할 때도 "배달을 해서라도 가게에 절대 피해 가지 않게 할게!"라고 약속했다. 실제로 샌드위치·샐러드는 배달 주문이 많은 업종이라 배달업체에 배달비를 쓰나, 매장에서 직접 배달을 하나

똑같거나 오히려 더 이익이었다. 배달대행은 한 건당 금액이 차감된다면, 직접 배달(직배)은 한 번에 3~4개도, 많으면 5개까지 묶어 배달할 수 있어서 그만큼 배달비를 아낄 수 있었다. 이처럼 '묶음 배송'은 직배의 가장 큰 장점이었다. 동시에 나는 스무 살부터 10년 넘게 배달했던 경력도 있었다. 이러한 이유로 나름 잘 해낼 거란 자신감이 있었다.

결국 누나는 끝내 설득당했다. 하지만, 그다음은 더 넘기 힘든 고비가 기다리고 있었다. 바로 '예비 신부'의 허락을 받는 일이었다. 2020년 11월 21일 결혼식이 예정되어 있었다. 같은 해 10월 초 나는 결혼을 한 달 남기고 회사에 사직을 알렸다. 남은 한 달간만 근무하기로 했다. 이 사실을 '예비 신부'에게도 알려야 했는데 맨정신엔 말하기가 너무 두려웠다. 우선 동네에 있는 맛있는 식당으로 그녀를 불러냈다. 맛있는 것부터 먹여 기분을 좋게 만드는 전략이었다. 맥주도 3~4잔 들어갈 무렵 모든 사실을 말할 생각에 가슴이 두근거렸다. 천천히 말을 꺼냈다.

"놀라지 마, 나 사실은…, 퇴사하려고." 그녀는 듣자마자 바로 얼굴빛이 사색이 되었다. "어? 회사를 그만둔다고?" 놀란 듯이 말했다. 결혼을 한 달도 안 남긴 시점에서 '예비 신랑'이 퇴사를 하겠다고 하니 적잖이 당황했을 것이었다. 물론 그녀도 처음엔 극렬히 반대했다. 설득하기 위해 누나와 했던 얘기들을 하나둘씩 꺼내 갔다. 점차 진정이 되었는지 내 얘기를 조금씩 경청해 주기 시작했다. 많은 고민을 하는 게 보였다. 결국 돌아온 말은 "정말 하고 싶으면 한번 해봐.", "오빠를 믿어."라는 말이었다. 그렇게 가장 소중한 사람의 지지까지 받으며 시작할 수 있었다. 나 역시 믿어준 사람들에게 절대 실망감을 주고 싶지 않았다. 그렇기에 더욱 절실히 할 수 있었고,

절실해야만 했다.


## 31년 동안 생각조차 안 해본 장사

'사업하면 패가망신 당한다.', '안정적인 직장이 최고다.'라는 말을 듣고 자란 나로서는 장사나 사업에 대한 생각은 정말 0.1%도 없었다. 좋은 대학교 나와 좋은 직장 들어가면 인생이 전부인 줄 알았다. 그렇게 믿고 사회에서 짜놓은 커리큘럼대로 열심히 살았다. 결국 목표했던 직장에 들어갔지만, 현실은 생각과는 많이 달랐다.

운 좋게 자의 반, 타의 반으로 생각조차 없었던 생애 첫 장사를 시작했다. 장사와 마케팅 그리고 서비스에 대해 아무것도 모르고 시작한 객기만 가득한 장사였다. 말 그대로 '맨땅에 헤딩하기'였다. 하지만 막상 시작하고 나니, 나조차 알지 못했던 가장 강력한 무기가 있었다. 바로 다양한 아르바이트를 통해 얻은 '실전 경험'이었다. 20대 시작과 동시에 주유소, 호프집, 패스트푸드, 커피 전문점, 푸드코트, 편의점, 배달원, 막노동, 호텔 뷔페, 상하차 등 약 20여 가지 아르바이트를 하며 많은 사회 경험을 쌓았다. 이 모든 경험이 장사를 하면 할수록 많은 부분에서 빛을 발했다. 어떤 컴플레인에도 쉽게 대응할 수 있었고, 커피는 눈 감고 뽑을 수 있을 정도였으며, 싹싹함을 무기로 단골손님도 많았다.

여기에 배달까지 잘하니 배달비를 낮춰 주문을 끌어올리는 전략으로 장사 초반 급격한 성장도 이뤄냈다. 이 모든 경험이 '나에게 장사하라고 훈련시켜 놓은 건 아닐까?'라는 착각까지 들 정도였다. 하루하루 밤낮 가리지 않고 성실히 영업한 결과, 동네 맛집 랭킹 1위에도 등극하고 입소문을 타 많은 곳에서 단체 주문도 들어왔다. 성장한 만큼 몸은 점점 고되고 힘들었지만 내가 하고 싶은 일을 찾은 것만 같아 마음만은 정말 행복했다. 내 선택이 틀리지 않음을 확신했고 점차 증명해 나가고 있었다.

**샌코치가** **말하는** **성장 비법**

## 도전을 두려워하지 마라

용기는 두려움이 없는 것이 아니라 두려워도 그냥 하는 것이었고, 실패 중 가장 큰 실패는 시도조차 하지 않는 것이었다. 지금 당장 주저하고 있는 것에 도전하라. 장사는 스스로에 대한 약속을 잘 지키고 성실하면 반은 이미 성공이다!

# 02

## 회사 안은 전쟁터였고
## 회사 밖은 지옥이었다

"위대한 일은 재능이 아니라 땀으로 이루어진다."
마이클 조던

### 장사, 정말 쉽지 않은 길이다

한 번쯤은 들어봤을 것이다. 잘되면 잘돼서 힘들고, 안 되면 안 돼서 힘든 게 자영업이라는 말을. 장사는 안 되면 정신적으로 힘들고, 잘되면 육체적으로 힘들다. 물론 전자보다는 후자가 낫겠지만, 후자 역시 전자 못지않게 힘들다.

다행인지 나는 정신적으로 크게 힘든 적은 없었다. 정확히 말하면, 정신적으로 힘든 상황을 만들지 않으려 했던 것 같다. 가게를 한가하게 내버려두는 걸 견디지 못하는 성격이기 때문이다. 매장이 한산하면 늘 불안했고, 뭐라도 해야 마음이 편했다. 어찌 보면 늘 불안 속에 살았던 셈이지만, 그 덕분에 늘 바쁘게 움직일 수 있었다. 결과적으로 가게가 빠르게 성장하는 데 큰 힘이 되었다.

가족과 함께하는 장사, 특히 지인과의 동업은 대체로 반대하는 사람이 많다. 이해관계가 얽히며 부작용이 크기 때문이다. 하지만 다행히도 누나와의 동업은 달랐다. 역효과보다는 시너지가 훨씬 컸다. 지금까지도 고마운 점은, 누나 혼자 모든 창업 비용과 수개월 간의 시행착오를 감당했음에도 동업을 시작하자마자 모든 수익을 절반으로 나눠준 사실이다. 착한 누나였다. 내가 자립하는 그 순간까지 정확히 손익을 계산해 반을 나눠주었고, 덕분에 나 역시 시작부터 목숨 걸고 최선을 다할 수 있었다.

누나와 나는 합이 무척 잘 맞았다. 초반에는 역할 분담도 명확했다. 누나는 주문과 제조를, 나는 배달을 전담했다. 누나는 '파리바게트'에서 15년간 샌드위치 기사로 일한 경험이 있어 샌드위치를 싸고 주문 빼는 속도가 보통이 아니었다. 주문이 몰려도 혼자서 척척 해냈다. 누나가 주문을 빼주면 나는 빠르게 배달만 다녀오면 됐다.

나 역시도 배달만 10년 넘게 해온 베테랑이었다. 둘의 호흡이 잘 맞으니 주문 빼는 게 재밌을 정도였다. 빠르게 배달을 갔다 왔는데도 여러 개의 주문이 포장돼 있었고, 많을 때는 4~5개씩 들고 나가기도 했다. 둘의 역량이 만나니, 두려울 게 없을 정도였다. 금방이라도 부자가 될 것만 같았다.

물론 처음부터 주문이 많았던 것은 아니다. **맛도 맛이었지만 무엇보다 '빠른 배달 속도' 덕분에 단골이 하나둘씩 늘어갔다.** 주문과 배달이 받쳐주니 이번에는 '주문수'를 올리는 데 집중했다. 음식 나오는 속도, 배달 속도, 저렴한 배달비, 낮은 최소 주문 금액, 다양한 메뉴 구성, 리뷰 서비스…. 수많은 전략을 고민하며 차별화를 시도했다. 이 시기가 본격적으로 매장 운영을 공부하기 시작한 때였다. 이때 세운 전략들이 5년이 지난 지금까지도 통하는 걸 보면, 고생하며 몸으로 배운 지혜는 시기를 떠나 언제 어디서나 적용된다는 사실을 깨달았다.

## 등 땀나는 본격적인 샌드위치 수업

"등에 흐르는 땀만큼 샌드위치 실력은 성장한다." 내가 자주 사장님들에게 하는 말이다. 샌드위치 가게의 사장님이라면 누구나 한 번쯤은 경험했을 것이다. 주문은 쏟아지는데 손은 따라가지 못하고, 거기에 "배달이 왜 아직까지 안 오냐."는 짜증 섞인 항의 전화가 빗발치는 상황을. 그때 등줄기를 타고 흐르는 땀과 스트레스, 예민함은 겪어본 사람만이 안다. 그 순간은 정말 어디론가 도망치고 싶어진다. 나 역시 장사 초반에 그런 상황을 자주 겪었고, 그때마다 '멀리 도망가고 싶다.'라는 생각을 수도 없이 했다.

나에게도 부끄러운 경험 하나가 있다. 나는 배달만 해오다가 점차 샌드위치를 만들고 포장하는 방법을 배우고 있었다. 휴무 없이 일하던 우리는 번갈아 가며 하루씩 쉬기로 했다. 누나는 혼자서도 매장을 운영할 수 있었지만, 나는 아직 부족했다. 그러던 어느 날, 주말에 누나에게 약속이 생겨 혼자 매장을 보게 됐다. 주말은 평일보다 더 바쁜 날이라 불안한 마음이 밀려왔다.

혼자 매장을 지킨다는 건, 둘이 할 때와는 차원이 달랐다. 샌드위치 만들랴, 배달 기사님 부르랴, 포장하랴, 손님 응대하랴 정신이 하나도 없었다. 특히 배달 기사를 부르는 타이밍이 핵심이었다. 음식이 다 나온 뒤에 부르면 이미 늦는다. 최소 3~5분 전에 미리 기사님을 불러야, 오는 동안 포장을 마치고 딱 맞춰 전달할 수 있었다. 누나는 이걸 제일 먼저 내게 훈련시켰다. 그 당시 주방과 픽업대도 떨어져 있어 뛰어다녀야 했기에 상황은 더 정신없었다.

그날따라 주문은 유독 더 폭주했다. 영수증이 8~9장까지 밀리며 점차 꼬이기 시작했고, 주문을 닫을 타이밍마저 놓쳐버렸다. 얼굴은 창백해지고,

등에서는 땀이 비 오듯 흘렀다. 항의 전화도 연달아 걸려 왔다. 7번째 주문까지는 어찌 해보겠는데, 8번째 주문은 도저히 감당할 수 없었다. 어차피 너무 늦을 게 뻔했다. 고객에게 전화할 시간조차 없는 급박한 상황에 순간 고민했다. '포기하자, 전화 오면 주문이 안 들어왔다고 거짓말을 하자…' 절대 해서는 안 되는 부끄러운 선택을 하고 말았다.

결국 50분 뒤, 손님에게 전화가 걸려 왔다.

"떡갈비 샌드위치 시켰는데, 도대체 언제 와요?", "네? 떡갈비 샌드위치요? 저희 쪽에 주문이 안 들어왔는데요." 능청 연기를 했다. 손님은 황당해하며 "주문 결제까지 다 했는데요?"라며 따졌다. 나는 한 번 더 둘러댔다. "아, 간혹 전산 오류로 영수증이 안 찍히는 경우가 있습니다. 지금이라도 빨리 보내드릴까요?"

그러자 손님은 짜증 섞인 화난 목소리로 "아 됐어요, 그냥 취소해 주세요!"라며 전화를 끊었다.

등에서는 땀이 줄줄 흘렀지만, 한편으로는 취소되어 안도의 한숨(?)이 나왔다. 하지만 그날 이후로는 다시는 그런 실수를 반복하지 않았다. 그 손님께는 지금도 죄송할 따름이다. 이 자리를 빌려 정중히 사과드리고 싶다. 첫 도전이었고, 실력이 부족했기에 생긴 일이었다. 하지만 한 번쯤은 겪었어야 하는 없어서는 안 될 소중한 경험이었다. 그 경험 덕분에 각성할 수 있었고, 더 열심히 실력을 키울 수 있었다.

처음에는 누구나 서툴고 실력이 부족하기에 실수하고 욕먹는 시기가 있다. 여러분도 겪고 있을 것이다. 하지만 실수는 누구에게나 당연한 과정이라고 말해주고 싶다. 그러니 너무 좌절하지 않아도 된다. 실수할 수 있고, 조금 더딜 수도 있다.

하지만 반드시 기억해야 한다. 당신의 등에 흐르는 땀은 샌드위치 실력을 크게 끌어 올려줄 원동력이라는 사실을. 등에 땀이 흐를 때마다 '나는 성장하고 있어!'라고 믿어라. 등이 시원하다면 절대 성장할 수 없다. 땀은 절대 거짓말하지 않는다. 시원한 에어컨 아래서도 등에 땀이 줄줄 흘러야 하는 것이 정상이다.

## 서러워서 눈물이 흐르다

장사를 시작한 지 반년이 지나 여름이 되었다. 봄까지만 해도 배달을 나가며 시원한 봄바람을 맞고, 기분 좋게 휘파람도 불며 날씨를 즐기곤 했다. 하지만 6월을 지나 7월에 접어들자, 날씨는 금세 무더워졌다. 더위 속에서 체력은 빠르게 소모되었고, 몸은 지쳐만 갔다.

한번은 폭염주의보가 내린 정말 더운 날이었다. 여느 날과 다름없이 배달통에 여러 개의 음식을 가득 싣고 달리고 있었다. 마지막 배달을 마치고 가게로 돌아가던 중, 갑작스러운 일이 일어났다. 평소 더위 속에서 과로한 경험이 없던 나는 오토바이를 몰고 가던 중 정신을 잃고 옆으로 넘어져 수 미터를 쓸려갔다. 더위를 먹고 쓰러진 것이었다.

순간 정신이 번쩍 들었고, 오른쪽 팔을 보니 피가 줄줄 흐르고 있었다. 피를 보니 아픔이 몰려왔다. 다행히 검은색 긴팔 티셔츠를 입은 덕분에 큰 부상은 면했지만, 팔을 걷어보니 팔꿈치 옆쪽이 심하게 까져 있었다. 당황스러움과 두려움이 동시에 몰려왔다.

가게에 도착해서 상태를 보기 위해 화장실로 향했다. 화장실도 평소 가던 가게 옆 1층 화장실이 아닌 2층으로 갔다. 누나가 걱정할까 봐, 사고가 난 사실을 숨기려 하기 위함이었다. 누나는 오토바이 타는 것을 늘 걱정하고 반대했지만, 내 고집 때문에 어쩔 수 없이 타게 했던 것이었다.

팔을 걷어 물에 피를 씻어내자 쓰라림이 온몸으로 번졌다. 너무 쓰라려서 숨이 막히는 듯했다. 씻던 중 고개를 들어 거울을 보니, 땀에 젖은 얼굴, 먼지에 더럽혀진 옷, 그리고 피가 흐르는 팔이 보였다. 평소 눈물 한 방울 흘리지 않던 내가 그 순간 서러움에 복받쳐 울고 말았다. 폭염 속에서 쌓인 짜증, 배달만 하며 살아가는 현실에 대한 불안, 부상의 고통이 한꺼번에 터져 나온 것이었다.

그렇게 몇 분 동안 울고 나니 마음이 조금 진정되었다. 그 일은 지금까지도 누나는 모른다. 아마 그때 말했더라면, 괜한 죄책감에 그만하자고 했을지도 모른다. 하지만 이 모든 것은 내 선택이었다. 내가 선택한 길이니 책임도 내가 져야 했다. 아파도 참아야 했고, 힘들어도 버텨야만 했다. 다이소에서 마데카솔과 밴드를 사서 붙이고, 또다시 배달을 나갔다.

샌코치가 말하는 성장 비법

## 고통은 나를 더 단단하게 만든다

장사를 시작하면 매일매일 치열하게 살아야 한다. 가끔은 내가 처한 현실이 슬프기도 하고, 힘들기도 하고, 원망스럽기도 하다. 힘들어도 묵묵히, 하기 싫어도 묵묵히, 포기하고 싶어도 묵묵히 버티다 보면 언젠간 분명 나의 시간이 온다.

# 03

## 공무원처럼 일한
## 나를 일깨운 〈장사의 신〉

"영업시간은 고객을 위해 할 수 있는 최고의 서비스다."

유튜브 〈배달창업TV〉

### 첫 번째 멘토, 〈장사의 신〉

'100만 유튜버 장사의 신', 자영업을 하는 사장이라면 누구나 한 번쯤은 들어봤을 이름이다. 나는 2021년 7월, 〈장사의 신〉 유튜브 채널을 통해 은 현장 대표님을 처음 알게 되었다. 배달 일부터 창업, 브랜드 매각까지 업계에서는 이미 전설적인 인물이었다. 채널의 주요 콘텐츠는 어려움에 부닥친 사장님들을 찾아가 컨설팅을 하고, 마인드 교육과 매출을 올리도록 도와주는 것이었다. 직접 뵌 적은 없지만, 영상 속 사장님들에게 전하는 말이 곧 내게 하는 말처럼 들렸다. 당시 내 상황과 영상 속 모습이 너무 닮아 있었기에 나는 넋을 놓고 빠져들었다. 팩트 폭행 같은 조언을 들으며 내 처지를 반성했고, 그 자리에서 배우고 하나씩 고쳐 나갔다.

이 시기가 내 장사 인생의 첫 번째 전환점이었다. 〈장사의 신〉을 통해 내 마인드는 완전히 달라졌다. 장사를 시작하고 많은 시행착오를 겪었다. 누구도 알려주지 않았기에 실수와 경험으로 늘 배워야 했다. 휴무도 가져보고,

브레이크 타임도 운영해 보고, 영업시간도 짧게 가져갔다. 결과는 늘 제자리였다. 평일, 주말 모두 아침 9시에 열고 저녁 7시면 닫았다. 장사하는 사람이 공무원처럼 일하고 있었던 것이었다. 매출은 오르지 않았고 고민은 깊어졌다. 그때 〈장사의 신〉이 알려준 것이 바로 '영업시간', '근면', '태도' 등 장사의 기본이었다. 이렇듯 기본조차 안 되어 있으니, 매출이 성장할 리 없었다.

지금도 이 기본조차 지키지 않는 사장들이 너무 많다. 사장 본인에게 맞춘 짧은 영업시간, 지키지도 못하는 오픈 시간과 마감 시간, 잦은 휴무, 손님을 향해 인사도 하지 않는 태도 등 기본조차 하지 않으니 당연히 장사가 어려워지는 것이다. 내부에서 원인을 찾아야 하는데 자꾸만 외부에서 원인을 찾으려 하고 있다. 폐업 직전에 가서야 지푸라기라도 잡는 심정으로 여기저기 비용을 지불해 가며 마케팅에, 홍보에, 컨설팅에 돈 낭비를 하는 게 현실이다. 기본이 안 되어 있으면 그 어떤 비용적 투자를 해도 소용이 없다. 먼저 기본을 다 해보고, 그래도 안 될 때 다른 방법을 찾아야 한다는 사실을 〈장사의 신〉을 통해서 배웠다.


### 더 많이 벌고 싶으면, 더 많이 일하면 된다

내가 깨달은 '장사의 기본'은 단순했지만 강력했다. '더 많이 벌고 싶으면 더 많이 일하면 된다.'는 것이었다. 별 내용 없는 거 같지만 장사 단계에서 가장 지키기 힘들고, 가장 어려운 일이다. 무엇이든 기본이 가장 어렵다고 하지 않는가. 남들이 일할 때 일하고, 남들이 잘 때도 일해야 그때 돈을 벌 수 있다는 깨달음이었다.

첫 번째로 나는 브레이크 타임부터 없앴다. 브레이크 타임의 원래 의미는 점심 장사가 너무 잘 돼 재료가 하나도 없을 때 준비하는 시간이다. 하지만 현실에서는 '어차피 주문이 없을 거야.', '주문 몇 개 받느니 쉬는 게 나아.' 등 자기합리화로 꽤 변질되어 너나없이 브레이크 타임을 하고 있다. 그러나 점심 이후에도 주문은 꾸준히 들어온다. 제대로 안 해봐서 모르는 것이다. 고작 며칠, 몇 주 해보고 주문이 없다고 단정 짓고 '차라리 쉬자.'라는 선택을 하는 것이다. 최소 3개월은 해봐야 손님들도 평소 안 열었다고 생각하던 가게가 '이 시간에도 열려 있네?'라고 생각하지 않겠는가? 하지만 한번 시작하기로 마음먹었으면 꾸준히 하는 게 중요하다. 꾸준히 할 자신이 없으면 애초에 시작도 안 하는 게 좋다. 지금은 브레이크 타임의 원래 의미도 맞지 않게 느껴진다. 재료 준비는 영업하면서도 충분히 할 수 있다고 생각하기 때문이다. 더 이상의 핑계는 없다. 적어도 우리 업종에서 브레이크 타임은 없애는 게 맞다.

두 번째는 영업시간을 늘렸다. 대부분이 운영하는 오전 9시부터 저녁 7~8시 대신, 앞뒤로 세 시간씩 더했다. 새벽 6시부터 밤 11시까지 가게 문을 열었다. 손님들이 이를 알기까지 시간이 필요하지만, 석 달 정도만 꾸준히 운영해 보면 매출은 반드시 달라진다. 하루 최소 30만 원, 한 달이면 1천만 원 이상의 매출이 추가될 수 있다.

"그러면 사장은 언제 쉬어요?"라는 질문을 할 수도 있겠지만, 그에 대한 대답은 명확하다. 직원을 배치할 수 있을 때까지는 사장은 쉬지 않는 게 여러모로 좋다. 우선, 처음부터 직원을 쓰게 되면 가게 안에서 사장 스스로 배울 기회를 놓치게 된다. 만약 하루 70만 원의 매출을 한 사람이 할 수 있다고 가정하자. 사장 혼자서 100의 능력치를 배울 수 있는 것을, 직원과 함께 하면 적게는 50의 능력치밖에 못 배운다는 의미다. 죽을 만큼 힘들 때까지 사장 혼자 해봐야 스스로 실력이 늘 수 있다. 계속 강조하지만 등에 땀이 나는 걸 기쁘게 생각해야 한다. 그렇게 사장 혼자 영업시간을 최대한 늘려 최대한 많은 주문을 끌어올려야 직원 고용이 가능해지고, 그때 비로소 사장에게도 쉴 여유가 생기는 것이다. 사장은 그때 쉬면 된다.

이 마인드를 받아들인 뒤 가게에도 큰 변화가 찾아오기 시작했다. 한 가지 문제는 동업자인 누나였다. 원치 않는 힘든 변화를 내가 고집부리며 끌고 가자 하니 갈등도 생겼다. 하지만 영업시간을 길게 가져가기 위해 누나를 설득했고 서로의 일정을 최대한 겹치지 않게 나누었다. 결국 새벽 6시부터 밤 11시까지 운영을 할 수 있었다. 내가 오픈을 맡았고, 누나는 마감을 맡아서 했다. 그 순간부터 매출은 수직 상승했다. 가게는 폭발적으로 성장했고, 지역 맛집 랭킹 1위에도 올랐다. 단체 주문도 몰려들었고, 인천 연수구에서 '트레비앙'이라는 가게가 본격적으로 알려지는 계기가 되었다.

## 초반 매출 상승에 좋은 전략들

한때 큰 인기를 끌었던 SBS 예능프로그램 〈백종원의 골목식당〉 1화에서 인상 깊은 내용이 나왔다. "간판만 바꿔도 매출이 늘어난다!", "간판은 두 번 바꾸는 것이다!"라는 말이었다. 의미는 단순했다. 오픈 초반에는 가게가 어떤 업종인지 손님이 쉽게 알아볼 수 있도록 간판을 직관적으로 달고, 어느 정도 인지도가 쌓이면 호칭하기 쉬운 상호 중심의 간판으로 바꾸라는 것이었다. 예를 들어, '춘향'이라는 이름의 중식당이 있다면, 처음에는 '춘향'

이라는 글자만 쓰기보다는(아무도 춘향을 모른다) '짜장면 잘하는 집'이라고 크게 적고, 간판 오른쪽 하단에 상호를 넣는 편이 효과적이라는 것이었다. 이렇게 해야 손님들이 한눈에 가게를 파악할 수 있고, 호기심으로라도 발걸음을 멈추게 된다는 것이었다. 나중에 점차 짜장면 잘하는 집으로 입소문을 타면 그때 다시 '춘향'으로 바꾸면 된다는 내용이었다.

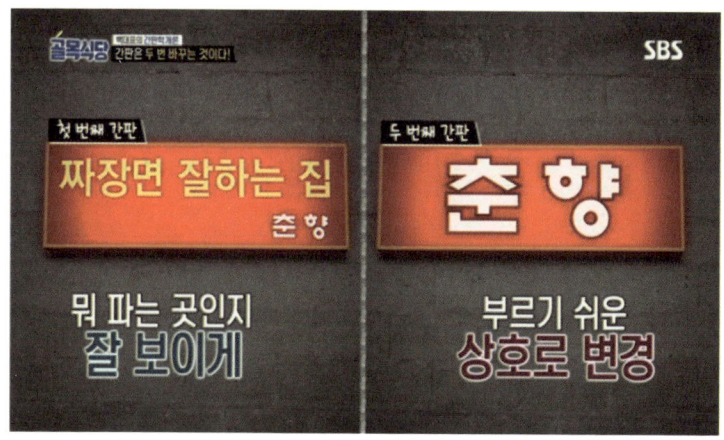

[간판 제작 방법] 출처: SBS <골목식당>

아래는 내가 실제 오픈 초기 사용했던 전략들이다.

### 1. 간판을 직관적으로 바꿔라

나는 <백종원의 골목식당> 내용을 바로 가게에 적용했다. 신기하게도 처음 누나가 달아둔 간판은 하지 말라는 그 '춘향'이라는 간판과 완전 똑같았다. 민트색 바탕에 검은 글씨로 'Tresbien'만 적혀 있었는데, 가게가 무엇을 파는 곳인지 전혀 알 수 없었다.

그래서 새로 제작한 간판에는 최대한 직관적으로 오른쪽 1/3을 최대한 크게 '일러스트 샌드위치 사진'으로 가득 채우고, 왼쪽에는 '상호명(트레비앙)'과 함께 밑에 붉은 글씨로 '샌드위치', 초록 글씨로 '샐러드'라고 적었다. 간판을 바꾸고 나서부터는 손님들이 지나가다 간판을 보고 가게를 유심히 바라보는 모습이 자주 보였다. 단순히 간판만 교체했을 뿐인데 신규 손님이 눈에 띄게 늘어나는 효과를 체감했다.(간판에 이미지를 넣으면 더 효과적이다)

### 2. 메뉴 사진에 '가격'까지 적힌 배너

두 번째로 추가한 전략은 '가격이 반드시 적혀 있는 메뉴 사진 배너'였다. 길을 걷다 보면 예쁜 음식 사진만 걸어둔 배너가 많다. 하지만 사진만 있고 가격이 없으면 소비자는 망설이게 된다. 가격을 확인하려고 일부러 가게에 들어오는 손님은 드물고, 대부분은 그냥 지나친다. 그래서 나는 음식 사진에 '메뉴명'과 '가격'을 꼭 함께 넣었다. 특히 가격은 빨간색이나 굵은 글씨로 크게 적었다. 합리적인 가격에 자신 있는 가게라면 이 전략은 더욱더 효과적이다. 좋은 조건을 나만 알거나 숨기지 말고, 반드시 고객에게 알리는 것이 정말 중요하다. **'좋은 건 나만 알기'가 아니라 '항상 손님에게 알리기'를 기억하자.** 내 가게의 강점만큼은 무슨 수를 써서라도 반드시 고객에게 알려야 한다.

### 3. 키오스크를 외부에 설치하라

세 번째 전략은 키오스크 외부 설치다. 인터넷 연결 연장선 하나면 누구나 할 수 있다. 지금 말하고 있는 세 가지 전략 모두 밖에 있는 고객을 우선 안으로 끌고 오는 것을 공통적으로 강조하고 있다. 생각보다 밖에 있는 손님을 안으로 끌고 오는 일이 쉽지 않다. 손님 중에는 소심해서 가게에 들어가기를 망설이거나, 들어왔다가 마음에 들지 않아 그냥 나가기 미안해서 발길조차 하지 않는 경우도 많다. 또 직원이나 사장과 대면하는 것을 부담스러워하는 사람도 의외로 많다. 외부 키오스크는 이런 손님들에게 최적이다. 키오스크를 내부에 설치하는 것은 사장이나 직원의 일손을 줄이는 역할에 그치지만, 외부에 설치하면 일손을 줄이는 것에 더해 손님이 자유롭게 메뉴와 가격을 살펴볼 수 있다. 마음에 안 들면 부담 없이 그냥 지나칠 수도 있지만, 반대로 마음에 들면 바로 주문까지 이어질 수도 있다. 즉, 손님을 키오스크 앞에만 세워도 절반은 성공하는 것이다. 이에 더해 배달앱에서 하는 것처럼 키오스크에서도 메뉴, 가격, 옵션 및 리뷰이벤트 등으로 혜택을 제공해 주문까지 이끌어 내면 대성공이다.(키오스크에 홍보물까지 붙이면 더욱더 효과적이다)

추가로, 이 세 가지 전략을 가게 내부에도 응용하면 금상첨화다. 가게 벽면과 빈 공간을 활용해 크고 먹음직스러운 사진 포스터, 이벤트 안내, 세트 메뉴 할인, 재방문 쿠폰 및 포인트 적립 등의 홍보물을 활용하자. 고객이 한 번 들어왔을 때 주문까지 자연스럽게 이어질 수 있도록 많은 장치들을 만드는 것이다.

키오스크 외부 설치

## 기본부터 다시 시작하라

장사의 기본은 '노출 → 클릭 → 주문', 이 구조를 이해하는 것부터 출발한다. 가장 기본이 되는 영업시간(노출)부터 하나씩 개선해 가면 매출 성장에 한 걸음 다가설 수 있다.

# 04

# 알바 인생이
# 샌코치의 시작이 되다

"아르바이트 경험은 인생 최고의 스펙이다."

알바신

## 아르바이트생은 미래 사장님

나는 대학생이 된 후 취업 전까지 약 20~30개의 아르바이트를 경험했다. 다양한 아르바이트 경험은 취업하는 데도 큰 도움이 되었다. 지금 이 책을 쓰는 것처럼, 알바 경험 역시 나누고자 『알바신의 365 알바신공』이라는 책도 출간했었다.

내 첫 알바는 맥도날드였다. 이후 고깃집 불판 닦기, 순댓국집 주방, 계절 밥상 서빙, 조개구이 무한 리필, 주유소 직원, 헬스장 인포메이션, 학원 조교, 배달 알바, 카페 정직원, 건물 청소, 막노동, 호텔 뷔페 알바, 전단지 배포, 이자카야, 아산병원 푸드코트 설거지, 편의점, 물류 창고 등 단기 알바까지 포함하면 안 해본 일이 없을 정도로 많은 일을 했다.

장사를 직접 시작하고 나니 알게 된 사실이 있다. 누구보다 사장이 될 자격이 있는 사람은 바로 알바생이었다는 사실이었다. 일 잘하는 알바생은 직원을 넘어 매니저 역할을 하고, 더 뛰어난 알바생은 사장을 대신해 가게를 관리하는 점장까지도 경험하게 된다. 이렇듯 다양한 아르바이트 경력은 결국 내가 장사를 하는 데 엄청난 경험과 지혜가 되어주었다.

『알바신의 365 알바신공』

## 배달 알바가 알려준 것들

샌드위치 · 샐러드 전문점은 크게 홀 · 주방 · 배달 세 가지 파트로 나뉜다. 그중 배달은 직접 배달을 하기도 하지만 대부분은 배달대행을 통해 배달 기사님의 도움을 받는다. 배달 아르바이트 경험이 도움이 될 수 있었던 가장 큰 이유는 '기사님의 입장'을 이해할 수 있었던 것이었다. 기사님의 입장을 대변해 보자면 이렇다.

1. 음식이 조금 늦게 나와 조리 대기 시간이 길어질 때 짜증 나는 상황
2. 눈·비 오는 날의 고충과 늦은 배차 문제(눈과 비가 오는 날이면 항상 콜이 밀린다)
3. 한여름 무더위 속 지쳐 있어 물 한 모금이 필요한 상황
4. 배달이 밀려 고객에게 배달이 늦어지는 상황(가게에서 재촉 전화가 오면 짜증 난다)
5. 오토바이 사고로 음식이 엎어져 가게에 재조리를 요청해야 하는 상황

이 모든 상황을 나 역시도 직접 겪어봤기에 기사님의 입장을 이해할 수 있었다. 그래서 여름에는 기사님을 위해 얼린 생수를 챙겨드렸다. 눈비 오는 날에는 늦게 올 걸 아니까 주문이 들어오자마자 즉시 배차 요청을 눌러 '선 배차 요청, 후 조리' 방식으로 조리 시간을 벌었다. 간혹 기사님의 실수나 사고로 음식을 전달하지 못했을 때도 비용을 받지 않고 재조리해 드렸다. 직원 교육에서도 '기사님이 매장에서 대기하는 시간을 최소화하는 것'을 강조했다. '기사님 도착 시간 = 음식 나오는 시간'을 정확히 맞추는 게 원칙이었다. 또한 피크 시간에 배달이 늦어져 전화로 고객이 화를 내더라도, 기사님께 '왜 이렇게 오래 걸려요! 도대체 언제 도착하는 건가요?'라고 재촉 전화도 하지 않았다. 대신 손님께 이렇게 설명했다. "고객님, 기사님 ○○분 전 출발하여 가고 계십니다. 기사님 안전을 위해 조금만 더 기다려주세요." 라고 하면 대부분 이해해 주셨다. 덕분에 배달대행업체와의 관계도 좋았고 기사님들과도 항상 웃으면서 일할 수 있었다. 심지어 배달 가격 인상 협상 때도 '배달 구역별 추가금'이라든지, '관리비 무료 협상', '기본 거리 최소 금액' 등 조금이라도 더 가게에 유리하도록 사정을 봐주셨다.

반대로 어떤 사장님들은 가끔 배달하시는 분들께 적대적이기도 하다. '딸배(기사님을 부르는 비속어)'라느니 비하하는 분들이 있는데 분명 자신에게 불이익으로 돌아올 것을 명심해야 한다. 기사님들도 우리가 없으면 돈을 벌 수 없지만, 우리 역시 기사님들이 없으면 돈을 벌 수 없는 구조다. 분명 서로 협력하는 관계지 절대 상하 관계가 아님을 꼭 기억했으면 좋겠다. 내가 먼저 협력 관계에 있는 분들에게 잘해야 우리 가게가 더욱 잘된다는 사실을 다시 한번 명심하길 바란다. 배달 기사님은 싸우고 적대해야 할 분들이 아닌, 감사하고 고마워해야 할 분들이다. 결국 장사는 다양한 관계성을 얼마나 좋게 만들어 가느냐에 따라 보이지 않는 승패가 달려 있음을 기억해야 한다.

## 서빙 알바에서 배운 '서비스 마인드'

계절밥상, 이자카야, 조개구이 무한 리필, 호텔 뷔페 등에서 서빙하며 배운 스킬이나 서비스 경험도 가게 운영에 큰 자산이 되었다. 한번은 조개구이집에서 서빙하던 중 손님께 팁을 받은 적이 있었다. 웃는 얼굴로 인사도 잘하고 리필 요청 시 언제나 친근감 있게 "더 필요하시면 말씀하세요.", "다드신 접시는 치워드릴까요?"라고 챙겨드렸다. 어린 친구가 기특하셨는지 계산 후 나가는 길에 "사장 주지 말고 알바생 가져요." 하시면서 주머니에 몰래 돈을 찔러 넣어주셨다. 팁으로 1시간 시급을 주셨으니, 그날은 더욱 신나서 일했던 것 같다. 인생 첫 팁이었다.

장사 초기 매장에는 총 4개의 테이블이 있었다. 배달뿐만 아니라 매장에서 드시고 가시거나 포장을 해가시는 손님들도 많았다. 누나와 가게 규칙을 하나 정했다. '매장에서 드시는 손님 음식은 반드시 테이블로 가져다드린다.'라는 것이었다. 가게가 아무리 바빠도 가져다드렸다. 심지어 점심 피크 시간에도 2층 병원 간호사가 내려와 주문을 하고 올라가면 병원으로도 가져다드렸다. 이렇게 하면 손님 입장에서는 편리함과 대접받는 느낌을 받을 수 있고, 우리는 음식과 함께 "맛있게 드시고, 필요한 게 있으면 언제든 말씀 주세요."라며 한 번 더 소통할 기회를 가질 수 있었다. 이러한 서비스 마인드가 단골로 이어졌다.

반대로 가끔 카페에 가보면 눈살이 찌푸려지는 경우도 있다. 음료가 나와서 픽업대로 손님을 부르는 경우다. 손님은 대화하느라 음식 나왔다는 소리를 듣지 못하고 알바생은 한 번에 듣지 못한 손님을 향해 더 크게 고래고래 소리를 지른다. 소리를 지르다 못해 짜증 섞인 목소리를 낼 때도 있다. 오히려 듣고 있는 다른 손님이 불쾌감을 느낄 정도다. 여러분의 가게에도 이런 문제가 없는지 점검해 볼 필요가 있다. 차라리 직접 가져다드릴 수 있도록 직원을 교육해 보자. 손님도 못 들을 일이 없어지고, 알바생도 고래고래 소리를 지르지 않아도 된다. 진동벨이 있지 않냐고? 진동벨을 떨어트려서 파손 비용만도 만만치 않다고 한다. 여러모로 음식은 가져다드리는 게 가장 현명한 방법이라고 생각한다.


## 주방 업무에서 배운 효율과 시스템

나는 순댓국밥 매장과 할리스·카페베네·커핀그루나루 같은 커피 전문점에서 일하며 주방 시스템, 효율, 스케줄 관리, 발주 등을 배웠다. 쉐프가 운영하는 가게가 아닌 이상 대부분 프랜차이즈 매장이 많다. 이러한 프랜차이즈 주방은 '요리'라기보다 '조리'에 가까운 시스템으로 가게가 운영된다.

예를 들어, 내가 일했던 D 순댓국밥 주방에서는 뚝배기에 머리 고기, 내장, 순대 등을 미리 소분해 두고, 김치와 깍두기를 담고, 큰 솥에 물을 끓여 사골 엑기스를 풀어 육수를 만드는 정도의 업무가 전부였다. 그 외에는 깻잎, 파, 고추, 양파 같은 야채만 손질하면 준비가 끝났다. 주문이 들어오면 뚝배기에 국물만 붓고 끓이다가 대파랑 깻잎을 넣어 내주면 완성이었다. 말 그대로 요리할 필요가 없었다. 당시에도 '일이 정말 단순하다.'라는 생각이 들 정도였다. **신기한 점은 주방의 구조와 시스템, 효율만 잘 갖춰져 있으면 일이 오히려 재미있게 느껴진다는 사실이다.** 매장이 바쁠수록 마치 몰아치는 미션을 하나하나 깨는 게임을 하듯 주방에서 일하는 게 재밌는 경험을 이때 처음으로 했다.

할리스나 카페베네, 커핀그루나루 같은 커피 전문점에서도 오랫동안 다양한 업무를 했다. 직원으로 있으면서 알바 스케줄 관리나 발주 경험을 했으며, 이는 훗날 내가 직접 가게를 운영할 때 큰 도움이 되었다. 재고 관리를 못해 품절이 났을 때 점장님께 혼났던 경험들이 당시에는 단순히 시키는 걸 안 해서 혼나는 줄 알았다. 하지만 직접 운영을 해보니 왜 그토록 중요했는지 깨달았다. 재고 관리와 품절은 가게 매출에 직결하는 정말 중요한 요소 중 하나다. 재고 관리가 제대로 되지 않아 품절이 반복되면 매출은 결국 떨어진다. 손님이 먹고 싶은 음식을 못 먹으니 다른 곳에서 그 음식을 시킬 수밖에 없는 신호인 것이다. 품절은 최대한 안 나도록 지속적으로 관리할 수 있어야 매출을 우상향시킬 수 있다. 이런 디테일까지 배우려면 단순 알바보다는 '직원'으로 경험하는 게 좋다. 직원으로 일하면 운영 전반을 몸소 배우게 된다. 사장이 되고 싶다면 알바보다 직원 경험에서 얻을 게 훨씬 많다.

사장이란 모든 일을 할 줄 알아야 하는, 소위 만능 엔터테이너가 되어야 하는 직업이다. 경험이 많으면 많을수록 좋다. 그래야만 어떤 상황에서도 대처할 수 있는 능력이 생기고 위기를 기회로 바꿀 힘도 생긴다. 운영하다 보면 수많은 위기가 찾아온다. 지금 처한 상황이 너무 고단하고 힘들다고 좌절하지 말자. 분명 그 경험은 결국엔 당신의 '성장 스토리'가 되어줄 것이다. 성장에는 반드시 고통과 좌절이 따른다는 걸 잊지 말자.

## 경험 없는 창업은 금지

가끔 예비 사장님들과 상담할 때면 나는 대부분 창업을 말린다. 이유는 단순하다. 관련 경험이 전혀 없는 상태에서 무작정 창업하려 하기 때문이다. 차라리 자금이라도 넉넉하면 돈으로 경험을 메우려는 것으로 이해할 수 있다. 아니면 부족한 창업 비용을 대신할 충분한 경험이라도 있다면 자금이 부족해도 권할 것이다. 하지만 대부분의 예비 창업자는 자금도 부족하고 경험도 없다. 그래서 걱정이 되어 창업을 말리는 것이다.

사실 나 역시 처음 가게를 열 때 대출도 일부 받고, 부모님 도움도 받으며 자금이 충분하지 못한 상태에서 시작했다. 그럼에도 시작할 수 있었던 건 누나 밑에서 1년 6개월 동안 배운 경험이 있었기 때문이었다. 그 경험이 없었다면 창업할 용기조차 없었을 것이고, 설령 시작했다 해도 얼마 지나지 않아 폐업으로 끝났을 거라 확신한다. 그래서 나는 창업은 하고 싶은데 경험이 없는 분들을 위해 〈샌드위치잘파는남자_샌코치〉라는 유튜브 채널을 운영하고 있다. 유튜브를 통해 예비 사장님들이 직접 배울 수 있도록 샌드위치 만드는 법과 샐러드, 포케 등의 레시피를 모두 공개하고 있다.

하지만 내 역할은 여기까지다. 레시피만 배운다고 창업할 수 있는 것은 절대 아니다. 만드는 기술만으로는 부족하다. 할 수는 있어도 실패할 확률이 높다. 간접적이라도 운영 경험이 반드시 있어야 한다. 사장 옆에서 재료 관리, 재고 관리, 배달앱 관리, 매장 관리 등을 어깨너머로 보기만 해도 큰 도움이 된다. 더 경험하고 더 배우고 싶다면 사장님에게 직접 "직원으로 일하고 싶습니다."라고 말해도 좋다. 그리고 사장의 모든 일을 대신할 각오를 해라. 오히려 사장은 일을 안 해서 더 좋아할 것이다. 굳이 내 소중한 돈을 들여가며 성급하게 경험을 살 필요는 없다. 남의 돈으로 충분한 경험을 쌓은 뒤, 정중히 감사 인사를 하고 나와서 창업하는 것, 이것이 가장 확실한 창업 성공 방법이다.

샌코치가 | 말하는 | 성장 비법

## 사장이 되려면 알바부터 시작하라

알바는 평일, 주말로 나눠 다른 두 곳에서 해보면 더 많은 노하우를 얻을 수 있다. 한 곳은 프랜차이즈로, 다른 한 곳은 개인 매장으로 선택하면 더더욱 좋다! 근무하는 동안 개인 매장과 프랜차이즈 매장의 장단점도 알게 될 것이고, 어떤 창업이 내게 맞는지도 알 수 있다.

# 05

# 아낌없이 주는 기버(Giver)가
# 되기로 결심하다

**"가장 성공적인 사람들은 주는 사람(Givers)이다."**

애덤 그랜트

## 주는 게 결국 받는 것이다

'주는 사람이 결국 성공한다.' 이 말의 뜻을 온전히 이해하기까지는 꽤 오 랜 시간이 걸렸다. 사실 지금도 100% 이해하고 있는 건 아니지만, 이 말은 반드시 '실천'을 통해서만 채워나갈 수 있는 사실이라는 건 100% 확신할 수 있다. 그래서 나는 100%를 채워나가기 위해 오늘도 '무엇을 나눌 수 있을 까?'를 고민하며 살아가고 있다.

애덤 그랜트의 『기브 앤 테이크』는 사람의 성향을 크게 세 가지로 나눈다.

1. 기버(Givers): 이타적으로 남을 돕는 것을 우선시하는 성향의 사람
2. 테이커(Takers): 자신의 이익을 최우선으로 하며, 타인을 통해 목표 달성을 하려는 성향의 사람
3. 매처(Matchers): 상호 호혜를 기준으로 행동하고, 주고받는 균형을 맞추려

는 경향의 사람

돌이켜보면 나 역시 평생을 테이커로만 살아왔던 것 같다. 주는 법도 몰랐고 내가 무언가를 가지고 있다고도 생각하지 못했다. '뭘 가지고 있는 게 있어야 줄 것 아닌가?'라는 생각에 갇혀 살아왔다. 이러한 생각을 깨준 건 어느 날 우연히 본 짧은 영상 하나였다. 누군가 이렇게 말했다. "인간은 누구나 자기만의 스토리가 있고, 그 스토리를 통해 타인이 공감할 수 있는 그 무언가를 누구나 '하나쯤'은 가지고 있다." 그 말을 듣는 순간 '나도 누군가에게 줄 수 있는 사람일 수도 있겠구나.'를 깨달았다. 이 책을 읽고 있는 당신 역시 자신만의 고유한 이야기를 분명 가지고 있을 것이다. 없다고 생각하지 말고 있다고 믿고 찾아봤으면 좋겠다. 그것을 나누겠다고 결심하는 순간, 당신에게도 기버로서의 삶이 시작되는 것이고, 결국 당신은 받게 될 것이라 확신한다. 이러한 믿음과 자신감을 가지고 나만의 이야기를 세상에 들려줄 수 있는 여러분이 되어 스스로 더 큰 성장을 이룰 수 있었으면 좋겠다.


## 위기는 곧 당신만의 스토리

누나와의 동업을 마치고 인천을 떠나 서울에서 첫 가게를 오픈했다.

누나와 가게를 운영하는 것과 혼자 운영하는 것은 완전히 달랐다. 사업자 통장을 누가 가지고 있는 것부터가 다름의 시작이었다. 동업할 당시 사업자 통장을 누나가 가지고 있었기에 잔고가 얼마나 있는지 일일이 확인할 방법이 없었다. 다시 말해 매출과 지출 등 돈의 흐름을 알 수 없었다. 이러한 돈의 흐름을 보는 것과 안 보는 것 또한 많이 달랐다. 그동안 누나와 돈 문제로 다투던 이유를 그제야 알았다. 나는 보이는 돈이 없으니 공격적으로 운영하려 했고, 누나는 반대로 지출을 아꼈던 것이었다. 광고비, 재료비, 운영비 등 지출이 많은 달이면 지출을 최소화할 수밖에 없는 게 사장의 역할이었다. 막상 사업자 통장을 직접 관리하며 든 생각은 '나갈 건 엄청 많은데, 왜 이렇게 들어오는 건 없지?'라는 생각뿐이었다. 그때 사장의 무게를 다시 한번 깨달았다. 진짜 사장이 되고 나서야 그 차이를 깨닫게 된 것이었다.

그 이후로도 직원 채용 등 여러 문제가 새롭게 다가왔다. 처음엔 직원 채용에 대해 막막해서 친한 친구에게 스카우트 제의를 했다. 결과적으로 그 친구는 퇴사했지만, 그 과정에서 중요한 교훈 하나를 얻었다.

샐러가든 오픈 당시 외관

'아무리 힘들어도 지인과는 함께 일하지 않는 것이 좋겠다.'

그 친구와 나쁘게 헤어지거나 서로 원수가 되고 그러진 않았다. 지금도 그 친구와는 잘 만나고 친하게 지내는 사이다. 단지 친한 사이라 지적해야 할 때 지적하기가 어렵고, 근무 시간이나 휴무 및 출퇴근 시간 등에서 서로의 견해 차이가 발생하게 된다. 퇴사한다는 소식에 크게 놀라진 않았지만, 왠지 모를 아쉬운 감정이 들긴 했다. 그 묘한 감정이 남은 뒤로는 지인과는 함께하지 않기로 마음먹었다.

## 기버의 삶을 살기로 결심하다

약 1년 정도 운영을 해보니 매출이 오르면서 여러 문제가 발생했다. 추가적인 매출의 한계, 물리적 공간의 부족 및 비효율적인 동선, 매출·매입 자료 정리 등 내외부적으로 전혀 정리정돈이 되지 않았다. 높아진 매출로 인한 재고가 점점 쌓여 가게는 지저분해졌고, 원가 계산 및 손익 계산이 안 되었다. 벌긴 버는 거 같은데 엑셀 정리 등 눈에 보이는 자료가 없으니 항상 불안했다. 그러던 중 유튜브를 보다가 우연히 짧은 영상을 하나 보았다. '높아진 매출에 따른 정리·정돈의 중요성'에 관한 내용이었다. 정확히 내가 겪고 있는 모든 문제를 영상 속에 담고 있었다. 영상에선 '매출 현황'과 '손익 계산'에 대한 엑셀 자료도 제공해 주고, 배달앱 관련 판매 전략도 가르쳐 준다고 했다. 심지어 사장님들을 업종별로 묶어 조를 편성해 고민을 나눌 수 있도록 했다. 그곳은 바로 '강남역클라쓰'라는 자영업 커뮤니티였다.

내 장사의 첫 번째 전환점이 〈장사의 신〉을 만난 이후라면, 두 번째 전환점은 바로 '강남역클라쓰'의 강혁주 대표님과 박은정 대표님을 만나게 되면서다. 두 분을 만나면서 '최주금따(최소 주문 금액 다운)', '무배(무료 배달)', '20분찍(무조건 최소 시간 찍기)' 등의 배달 전략을 활용하면서 매출은 한번 더 상승했다. 매출은 8천만 원에서 1억 원까지 올랐다. 또 엑셀 강의를 통해 매출 및 손익 계산이 체계화되고, 가게 동선도 개선되었다. 그동안 몰랐던 문제들을 바로잡고 정리정돈하는 계기가 되었다.

한번은 직원 문제로 면담을 하고자 두 분을 찾아갔다. 한번 면담이 시작되면 2~3시간이 넘도록 함께 고민하고 해결책을 제시해 주었다. 긴 시간이 지나 끝나갈 무렵 박은정 대표님이 책 한 권을 추천해 주셨다. 그때 소개받은 책이 바로 『기브 앤 테이크』였다. 책을 통해 '주는 게 결국 받는 것이다.'라는 메시지를 처음 알게 되었고, 기버(Giver)의 삶을 실천하는 계기가 되었다. 집으로 돌아가는 길, '내가 할 수 있는 건 뭘까?'부터 고민했다. 우연처럼 마침 취미로 유튜브 영상 편집 학원을 다녔을 때였다.

아이디어가 떠올랐다. 가게의 모든 노하우와 레시피를 유튜브 영상을 통해 공개하기로 결심했다. 처음에는 우리 가게의 모든 레시피나 노하우를 밝힌다는 게 조금은 두렵기도 했지만, '에라 모르겠다, 될 대로 돼라.'라는 식으로 있는 그대로 영상을 찍어 올리기 시작했다. 실제로 들어가는 재료나 제품 브랜드 정보, 만드는 방법까지 모든 내용을 전부 영상에 솔직하게 담았다. 영상을 10개 정도를 업로드할 때쯤 첫 번째 영상 '햄치즈샌드위치'와 여섯 번째 영상 '치즈에그샌드위치'가 각각 42만 회, 56만 회의 조회수를 기록하며 소위 말해 '떡상'했다. 채널은 빠르게 성장하며 구독자가 정말 많이 늘어갔다. 순식간에 2.8만 명이 되었다. 이때 처음으로 느꼈다. '진심을 다해 나누다 보니 보는 분들도 알아주시는구나.' 기버(Giver)의 진정한 가치를 처음 느낀 순간이었다.

이렇게 몸소 체험하고 나니 그때부터 더 나눌 방법을 찾게 되었다. 이후로 네이버 카페 1위 자영업 커뮤니티인 '아프니까사장이다'에서 칼럼니스트로도 활동하며 샌드위치·샐러드 장사 노하우와 관련 정보들도 공유했다. 게시글 당 평균 조회수가 3,000~4,000회, 많게는 6,500회까지 나왔다. 이때 당시 매장의 매출도 급격히 오른 시기여서 그 과정에서 느낀 노하우들을 생생하게 글에 녹였다. 실제로 게시글에는 많은 사장님이 질문을 남겼는데 그 모든 질문에 대한 답변을 전부 정성껏 달아드렸다. 이 답변을 다시 '질문 및 답변(Q&A)'으로 모아 또다시 게시글로 작성하기를 반복했다. 이러한 노력을 많은 분께서 알아주셨는지 게시글 대부분이 인기가 많았다. 이때부터 샌드위치·샐러드 커뮤니티를 운영하기로 다짐했다. 처음으로 샌드위치·샐러드 커뮤니티인 카카오톡 단체채팅방을 개설했다. 현재도 약 800명의 사장님끼리 서로 도움을 주고받으며 활발히 운영되고 있다.

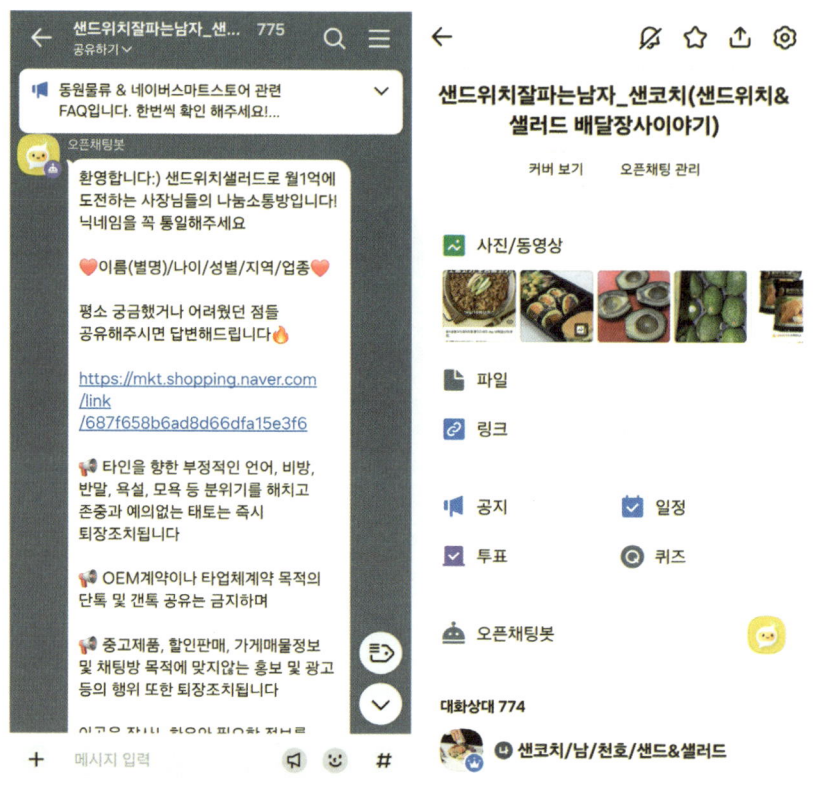

카카오톡 정보 공유방

휴대폰 카메라를 켠 뒤, QR코드를 화면에 비추세요.

또한 배달앱 관련 전략 및 노하우나 샌드위치·샐러드 전문점 운영 방향에 관한 현장 강의도 매달 무료로 진행 중이다. 가끔 수업이 끝나고 몇몇 사장님께서 "왜 힘들게 노력해 오신 걸 이렇게 무료로 나눠주세요?"라는 질문을 하기도 하지만, 나도 잘 모르겠다. 아마도 기버(Giver)가 되는 기쁨을 알게 된 순간부터, 나는 자연스럽게 그렇게 살아가고 있었던 것 같다.

결국 어떤 방식으로든 내가 다시 얻게 될 거라는 걸 알기에, 그리고 누군가 알아주는 순간 느껴지는 그 기쁨이 크기에 나는 계속 기버(Giver)로 살아가기로 했다. 누군가 알아주기를 바라고 하는 건 아니지만 누군가 알아줬을 때 느끼는 그 행복한 기분 같은 것이다. 앞으로도 나는 샌드위치·샐러드 업종에서 힘들어하시는 사장님들을 위해 여러 방법으로 그들에게 힘이 되고 싶고 모든 걸 기꺼이 나눌 준비가 되었다.

기초 샌드위치학 개론, 레시피 전수 현장 강의 사진

# 주는 순간 당신은 받게 된다

네이버 카페 '아프니까사장이다', 작성자 검색란에 '샌드위치유튜버샌코치'를 검색하면 게시글과 댓글을 통해 실제 샌드위치 가게를 운영하는 데 도움 될 만한 정보를 확인해 볼 수 있다. 또한 〈샌드위치잘파는남자_샌코치〉 유튜브 채널을 통해 레시피 교육과 현장 강의 촬영본도 볼 수 있다.

아프니까사장이다 네이버 카페

휴대폰 카메라를 켠 뒤, QR코드를 화면에 비추세요.

<샌드위치잘파는남자_샌코치> 유튜브 채널

휴대폰 카메라를 켠 뒤, QR코드를 화면에 비추세요.

# 06

## 일단 시작한 마음가짐이
## 나를 N잡러로 만들었다

"무슨 생각을 해, 그냥 하는 거지."
김연아

### 일단, 시작해!

한때 김연아 선수의 훈련 영상이 화제였다. PD가 "무슨 생각 하면서 하세요?"라고 묻자, 김연아 선수는 "무슨 생각을 해, 그냥 하는 거지."라며 웃으며 답했다. 맞는 말이다. 어떤 일을 하기 전 너무 많은 생각을 하면, 무엇이든 시작하기 어렵다는 건 모두가 아는 사실이다. 이런 점을 볼 때 지금의 나를 만든 건 내 성향도 한몫했다. 나는 어떤 일을 할 때 계획을 세우거나 많은 생각을 하는 편이 아니다. 도전이라는 멋진 단어를 핑계 삼아 이것저것 해보는 것을 좋아한다. 우선 저지르고 보니 문제가 생길 때도 있다. 그럴 때는 주변에서 함께 처리해 주느라 가까운 사람이 고생하기도 한다. 이것저것 도전하니 깊이는 얕고 실패도 정말 많다. 그런 실패를 교훈 삼아 경험해 보는 것도 즐기는 편이다. 그 경험이 나의 스토리가 되어준다는 사실을 믿기 때문이다. 주변에서는 "꼭 그렇게 경험을 해봐야 아는 거냐?", "똥인지 된장인지 찍어 먹어봐야 아느냐?"라고 말하지만, 진짜 실패는 '시도조차 해보지 않는 것'이라는 걸 누구보다 잘 알기 때문이다. 그래서 나는 '안 하고 후회하는 것'보다 '해보고 후회하는 길'을 택하는 삶을 살고 있다.

최근 '600만 자영업 장사 노하우 공유 플랫폼'인 창톡에서 조사한 뉴스에 따르면 장사 고수 107명의 MBTI를 분석했더니 ENTJ가 31명으로 가장 압도적인 1위를 했다. ENTJ는 '타고난 리더나 전략가'로 불리며 목표 지향적이며, 결단력 있고 계획적인 사람들이다. 그렇다고 내 MBTI가 ENTJ라는 건 아니다. 나는 ENFP로 '에너지가 넘치는 아이디어뱅크'라고 한다. 하지만 사업을 하는 데 어려움도 꽤 많은 성향이다. 계획적이지 않고 꼼꼼하지 못하기 때문에 실수가 많다. 이러한 부족함을 알다 보니 기록하는 습관을 통해 조금씩 보완해 나가고 있다. MBTI가 절대적인 지표는 아니다. 하지만 장사나 사업에 있어서 유리한 성향은 무엇인지 파악하고 그들이 어떤 강점을 어떻게 활용하고 있고, 어떤 약점을 어떻게 보완해 가며 성장했는지 분석해 보면 분명 여러분에게도 도움이 될 것이다.

## 지금은 N잡러의 시대

N잡이란, 수학에서 쓰이는 임의의 여러 숫자 'N'과 직업인 'JOB'이 섞여 '여러 개의 직업'이라는 의미로, 여러 개의 직업을 가진 사람을 'N잡러'라고 부른다. 2023년 잡코리아의 'N잡 관련 직장인' 총 982명을 대상으로 한 통계에 따르면, 응답자 중 약 89%나 본업과 병행해 N잡을 해본 경험이 있다고 답했다. 여기서 현재 N잡을 하고 있는 직장인은 무려 37.8%나 되며, 과거 경험만 있는 직장인만 51.2%를 넘겼다. 이렇듯 N잡은 현시대에 사회적 트렌드라 할 정도로 많은 이들의 관심을 끌고 있다. 그뿐만 아니라 직장인

들 사이 부업 열풍도 불고 있어 퇴근 후 수익을 창출할 수 있는 '부업 강의'나 '교육 프로그램'이 대세라고 한다. 하나만 잘해서는 살아남기 힘든 세상에 사는, 현실을 아는 이들은 오늘도 'N잡러'가 되기 위해 고군분투 중이다.

여러분 역시 샌드위치 · 샐러드 사장님이라면 반드시 N잡러가 되어야 한다. N잡러는 더 이상 선택이 아닌 필수다. 이제는 내 가게 장사만 해서는 살아남을 수 없는 구조다. 샌드위치 · 샐러드라는 업종은 워낙 보여주는 게 중요한 업종이기 때문에 맛도 중요하지만, 더 중요한 건 먹음직스러워 보이는 '음식 사진'이다. 그래서 감각적으로 사진을 잘 찍는 사람일수록 이 업종에 더 유리하다. 이런 감각은 물론 타고 나는 경우가 많지만, 노력을 통해서도 충분히 극복될 수 있다. 장사를 처음 시작할 때 보통의 초보 사장님들은 시간이 많을 것이다. 아직 동네에서 알려지지 않았기에 주문이 적은 이 시기를 반드시 잘 활용해야 한다. 일부러 시간을 내서 사진을 찍으면 가장 좋겠지만, 매일 시간을 내기도 어렵고 오래가지도 않는다. 또한, 사진을 찍고 남은 음식도 매번 사장이 먹거나 버려야 하기에 부담이 되기도 한다.(나중엔 질려서 못 먹고 폐기하는 경우가 많아진다)

한 가지 팁을 알려주자면, 실제 주문으로 나가는 음식을 촬영해 보는 게 좋다. 초반에는 주문이 몰리지 않기에 가능하다. 가게 한편에 햇빛이 잘 드는 곳이나 조명이 예쁜 곳에 임시 포토존을 설치해 놓는다. 그다음 주문이 들어올 때를 기다렸다가 재빠르게 만든 뒤 사진을 여러 구도로 찍는다. 배달을 부르고 기사님이 오는 시간 동안 포토존에서 사진 촬영 뒤 기사님이 도착하면 빠르게 포장해서 드리면 되는 것이다. 나는 주방 안에서 작은 포토존을 만들어 사진을 찍어서 업로드했다. 이런 식으로 오픈 초창기에는 최대한 예쁜 사진들을 모두 저장해 놓았다가 인스타나 개인 SNS에 매일 업로드하는 게 중요하다.

더 확실한 건 짧은 영상이다. 가게 소품과 함께 음식을 들고 매장 가운데서 한 바퀴 도는 것도 영상이 되니 이를 찍어서 숏폼으로 올리는 것이다. 요즘은 인스타의 릴스나 유튜브의 쇼츠가 대세다. 기초적인 영상 편집을 꼭 배워서 활용하는 게 정말 중요하다. 정말 어렵지 않다. PC로 할 필요도 없다. 휴대폰으로도 충분하다. 가장 대표적인 영상 편집 어플인 '캡컷'을 받아서 '컷', '자막', '효과' 이 세 가지만 연습해 봐도 다양한 영상을 만들 수 있을 것이다. 어렵지 않으니 자신감을 가지고 한번 시도해 보자. 이걸 안 하고서는 절대 경쟁자보다 우위에 설 수 없다. 이렇게 사진과 영상이 쌓이다 보면 사람들이 궁금해서 DM을 보내거나 연락을 취할 것이다. 이런 식으로 기회가 넓혀지는 것이다. 샌드위치 단체 주문만 전문적으로 받는 인플루언서가 될 수도 있고, 샌드위치 · 샐러드 클래스 강사가 될 수도 있다. 사진을 통한 인스타의 파급효과는 정말 크기 때문에 이런 기회를 얻고 싶다면 반드시 사진 잘 찍는 N잡러가 되어야 한다는 사실을 명심해야 한다.

다음으로 추천하고 싶은 방법은 '장사 일지'를 꾸준히 작성하는 것이다. 나 역시 장사 일지를 계기로 〈SBS 모닝와이드〉 '쩐플러스'에 출연하게 되었다. 여기서 말하는 장사 일지는 혼자만 보는 메모장이 아니다. 반드시 네이버 카페, 자영업 커뮤니티, 스레드(Threads), 블로그와 같은 공개된 공간에 기록하는 것이 중요하다. 방송사 PD나 작가들은 실제로 이러한 자영업 커뮤니티의 글들을 꾸준히 살펴보고, 공감 가는 이야기를 쓰는 사장님에게 섭외 연락이나 출연 제안을 한다고 한다. 이처럼 예상치 못한 방송 출연의 기회는, 가게를 알릴 수 있는 매우 강력한 수단이 된다. 장사 일지의 형식은 어렵지 않다. 하루 동안 가게에서 일어난 모든 일들을 적어 보는, '단순 일기' 같은 형식을 말한다. 고객과의 작은 에피소드부터 장사를 하며 느낀 점, 깨달은 교훈이나 노하우, 그리고 하루 매출까지 솔직하게 기록해 업로드하면 된다. 처음에는 그저 내 경험을 정리한 글일 뿐이었지만, 어느 순간부터 '정말 많은 도움이 됐어요.'라는 댓글들이 하나둘 달리기 시작한다. 나에게는 사소한 기록이었지만, 누군가에게는 분명 도움이 되는 이야기였던 것이다.

<SBS 모닝와이드> 쩐플러스 8300회 출연

휴대폰 카메라를 켠 뒤, QR코드를 화면에 비추세요.

댓글을 통해 소통하다 보면 내가 생각하지 못했던 부분이나 몰랐던 부분, 새로운 사실을 많이 알게 된다. 심지어 댓글에 적힌 질문에 답변하기 위해 관련 공부도 하며 노력하게 된다. 댓글을 통해 도움받는 사람들이 점차적으로 많아지면 이제는 그들의 멘토까지도 될 수 있는 것이다. 추후 일대일로 고민 상담을 해줄 수도 있는 것이고, 여러 명을 모아 그룹 모임을 만들어 간단한 강의도 해줄 수 있을 것이다. 깊은 지식과 완벽한 전문성이 있어야만 하는 일이 절대 아니니 부담을 가질 필요도 없다. 조금 앞서간 사람이 이제 막 시작한 사람에게 조언을 해줄 수 있다면 그 누구라도 멘토가 될 수 있다. 멘토를 넘어 강사도 될 수 있고, 칼럼니스트, 작가, 컨설턴트, 파워블로거, 프랜차이즈 대표도 될 수 있을 것이다. 장사 일지를 통해 N잡러에 꼭 도전해 보자!

마지막으로, 유튜버가 되어야 한다. 나는 구독자 3.8만 명을 보유하고 있는 〈샌드위치잘파는남자_샌코치〉 유튜브 채널을 운영 중이다. 아직도 전 세계에서 가장 영향력 있는 플랫폼은 유튜브다. '지금 시작하기에는 너무 늦었어.', '유튜브는 이미 레드오션이야.', '유튜브로 살아남기가 얼마나 힘든데.'라는 말에 도전조차 안 하는 건 어리석은 행동이다. 가보지 않은 길은 항상 어둡고 두렵기 마련이다. 막상 배워서 해보면 그리 어렵지 않은 게 영상 편집이다. 우리가 PD나 전문 편집자같이 전문적인 영상 기술을 알아야 하는 것도 아니지 않은가. 딱 세 가지만 배우면 된다. '컷 편집', '자막', '효과'. 콘텐츠는 하고 싶은 모든 걸 찍어서 올려도 된다.

제약을 둘 필요도 없다. 가게 오픈하는 영상, 마감하는 영상, 브이로그, 포장 영상, 우리 가게 레시피, 나만의 노하우 공유, 직원과 청소하는 영상

그 모든 게 콘텐츠다. 가장 먼저 깨야 할 것은 이런 생각들이다. '누구나 다 아는 걸 올리면 욕먹을 거야.', '이런 것까지 올려도 될까?' 당연히 올려도 된다. 당신이 별것 아니라고 생각하는 것도 누군가에겐 분명 도움 되는 콘텐츠가 될 수도 있다. 내 영상에 달린 댓글만 봐도 누군가에겐 도움이 되어 '너무 잘 봤어요, 큰 도움 됐습니다!'라는 댓글이 있는 반면, '이런 걸 레시피라고 올리냐?', '시간 낭비했네.' 등의 부정적인 내용도 많다. 모든 사람을 다 만족시킬 수는 없다. 마음가짐을 '모든 사람'에서 '내 도움을 필요로 하는 그 소수를 위해'로 바꿨을 때 할 수 있는 자신감이 생길 것이다. 너무 안 좋은 댓글에 연연하지 말고, 또 그런 댓글이 달릴까 무섭고 두려워서 시도조차 못하지 말고 '그냥 해보자'. 여러분에게 다시 한번 말하고 싶다. '일단 시작하면 돼!'

샌코치가 말하는 성장 비법

## 도전해야 길을 개척할 수 있다

책을 쓰는 작가, 칼럼니스트, 유튜버, 사장, 오픈채팅방 운영자, 소스·레시피 개발자, 코치, 멘토, 강사, 물류 법인대표, 스토어 운영 등. 모든 건 '나의 경험을 세상에 알리는 일'부터 시작되었다. '나의 이야기를 기록'하고 '그냥 실행해' 나가다 보면 기회가 반드시 찾아올 것이다.

# 07

## 세상에 없는 샌드위치 · 샐러드 시스템을 꿈꾸다

"나는 실패한 적이 없다. 단지 잘 안 되는 방법을 1만 가지 발견했을 뿐이다."

토머스 에디슨

### 실패를 통해 얻은 교훈

지금으로부터 두 달 전, 나는 2호점 폐업을 결정했다. 1호점이 잘 되자 자신감이 생겨 직영 2호점을 열었지만 1년 4개월 만에 문을 닫게 된 것이다. 시스템, 구조, 매뉴얼 등 충분히 준비했다고 믿었지만, 현실의 벽은 더 높았다. 이번 실패를 통해 많은 교훈을 얻었다. 앞으로는 '어린아이도 할 수 있는 구조와 시스템, 매뉴얼을 만들겠다!'는 목표로 더 완벽하게 다시 준비 중이다.

사장들이 조금 잘 되기 시작하면 흔히 고민하는 것이 있다. 바로 '2호점을 언제 열 것인가?'이다. 나 역시 많은 선배 사장님과 멘토에게 조언을 구했고, 결국 결정을 내리게 된 계기는 '직원'이었다. 조언의 핵심은 이랬다. '사장이 2호점에 에너지를 쏟는 동안 본점을 믿고 맡길 수 있는 직원이 있느냐.'였다. 그 당시 본점에는 주 6일, 하루 12시간씩 함께해 주는 직원 두 명이 있었다. 책임감 있게 매장을 관리해 주었고, 나는 그들을 믿었다. 이제 본점에 크게 신경 쓰지 않아도 될 시기가 왔다고 판단했고, 자연스럽게 시야는 외부로 향했다. 결국 2호점 출점을 결심했다. 이전에도 몇 번이나 출점을 고민했지만, 늘 확신이 서지 않았다. 그러나 이번에는 달랐다. 본점 매출이 1억을 넘자, 물리적 공간의 한계와 추가적인 신규 고객 확보의 필요성이 느껴졌다. '2호점이야말로 최적의 해결책'이라는 생각이 굳어졌다.

예정대로 공사를 진행하고 설레는 마음으로 2호점을 오픈했다. 오픈 후 두세 달은 1호점 때처럼 가게에서 먹고 자며 하루 24시간을 매장에 쏟아부었다. 그 결과 두 달 만에 월 매출 4천만 원을 달성했다. 직원과 아르바이트를 배치해 시스템을 잡아가면서 점차 2호점에서도 손을 떼기 시작했다. 그때는 '이런 식이라면 직영 10호점, 100호점도 가능하겠다!'라는 자신감이 하늘을 찔렀다. 하지만 그것은 착각이자 오만이었다.

2호점을 준비한다면 반드시 체크해야 할 것이 있다. 바로 사장의 '직원 관리 능력'이다. 직원이나 알바생이 오래 일하지 못하거나 자주 바뀐다면 사장에게 문제가 있거나 매장 자체에 문제가 있을 가능성이 높다. 물론 작은 확률로 동료 직원들과의 불화도 있을 수 있지만, 가장 중요한 건 앞서 말한 '사장 문제', '매장 문제' 이 두 가지다. 먼저 사장 스스로가 문제가 없는지 반드시 점검해야 한다. 인격 모독까지는 아니더라도 지나친 명령조, 직원을 낮은 사람처럼 인식하는 발언, 혹은 욕설이나 비하 발언이 없는지 반드시 살펴봐야 한다.

다음으로 중요한 것은 매장 내부의 시스템과 구조다. 2호점을 폐업하게 된 결정적인 이유 역시 바로 이 시스템과 구조에 있었다. 2호점은 1호점과 달리 의도적으로 작은 평수를 선택했다. 1호점을 운영하며 겪었던 불필요한 동선을 최소화하고, 가능한 한 작은 공간에서 최대한의 효율을 끌어내고 싶었기 때문이다. 마침 SBS Plus 예능 프로그램 〈사장은 아무나 하나〉에서 글로우서울 유정수 대표는 "직원의 동선이 두세 걸음만 늘어나도, 그건 곧 인건비 상승이다."라고 말하는 것을 들었고, 나는 그 말을 거의 정답처럼 받아들였다.

그래서 주방 한가운데 서서 몸만 돌려도, 한두 걸음 안에서 모든 업무가 가능해야 한다고 생각했다. 인테리어와 구조 설계 단계부터 세척 공간은 최대한 빠듯하게, 조리 공간의 간격은 80cm 내외로 잡았다. 처음에는 정말 효율적인 구조처럼 느껴졌다. 하지만 시간이 지나자 곧 불편함이 드러나기 시작했다. 좁은 공간이 좋다고만 생각했던 나는, 넉넉하지 못한 구조가 오히려 몸의 피로도를 높인다는 사실을 깨닫게 되었다. 물건을 꺼내거나 몸을 숙일 때마다 여기저기 부딪히기 일쑤였고, 특히 두 명이 함께 일할 때는 동시에 지나가는 것조차 불편했다. 이 상태로 1년 넘게 운영하다 보니 어느 순간 이런 생각이 들었다. '이게 정말 효율적인 구조가 맞나?', '좁을수록 좋은 건 아니구나.' 결국 이 구조로는 더 운영할 수 없다는 판단에 폐업을 결정했다. 내 상상 속에서 완벽했던 시스템이 현실에서 완전히 틀렸음이 드러나는 순간이었다.

한 번 실패를 겪고 나니 나에게 2호점은 이제 '포기'가 아닌 '더 완벽'에 가까운 구조와 시스템을 갖추면 그때 재도전하기로 결심했다. 이번 경험을 통해 구조와 시스템의 중요성을 다시금 확인했다. 실패를 딛고 2가지 목표가 확실해졌다. '어린아이도 할 수 있는 구조와 시스템, 매뉴얼을 만들겠다.', '세상에서 가장 쉬운, 세상에 없는 샌드위치·샐러드 시스템을 만들겠다.'

이 두 가지 목표를 이루기 위해 오늘도 새로운 방식들을 매장에 적용하며 실행해 보고 있다.

## 상상을 현실로 만들기

나는 평소 상상을 자주 하는 편이다. '상상은 곧 현실이 된다.'라는 말을 믿고 있기 때문이다. 일할 때도 늘 무언가를 고민한다. '어떻게 하면 좀 더 쉽고, 더 편하게 할 수 있을까?', '이건 불편한데, 개선이 더 안 될까?', '1분, 1초만 더 줄일 수 없을까?' 이런 상상 덕분에 현재의 본점 주방 시스템이 만들어질 수 있었다. 가끔 강의가 끝나고 사장님들을 본점 주방으로 초대할 때가 있다. 주방을 직접 보고 비교하는 것만큼 효과적인 교육이 없기 때문이다. 샐러드, 포케 등 세팅 방법, 재료 소분, 전처리, 자동화, 조리 간소화 등 많은 노하우를 알려드린다. 그만큼 샌드위치·샐러드라는 업종에서 주방 구조와 시스템이 얼마나 중요한지 강조하기 위해서다.

'불편함을 개선하는 모든 게 아이템이다.'라는 말이 있다. 실제로 일하다 보면 내가 인지하고 있지 못하거나, 알아도 참고 하는 불편한 것들이 정말 많다. 시간이 오래 걸리는 일, 손이 많이 가는 일, 많이 움직여야 하는 일, 실수나 사고가 자주 나는 일, 너무 복잡한 일, 무겁거나 힘이 드는 일, 냄새 나는 일 등 찾아보면 너무나 많다. 이런 불편함을 찾아 해결해 나가는 것 또한 내 가게를 성장시켜 나가는 데 중요한 요소 중 하나다. 이런 불편함을 개선하는 데는 비용도 많이 들어간다. 이것저것 사봐야 하고, 또 써봐야 하기 때문이다. 나 역시 정말 다양한 기계를 사서 테스트했다. 토마토 써는 기계부터 적채 써는 기계까지, 가격은 20만 원에서 비싼 건 100만 원이 넘는 것까지 다양했다. 이러한 기계를 통해 주방 효율만 극대화된다면 비용을 쓰는 것 이상의 더 가치 있는 일이다.

나는 에어프라이어만 브랜드별로 5개 넘게 써봤다. 써봐야 어떤 점이 좋은지, 안 좋은지 알 수 있다. 용량이 크면 큰 만큼 오래 걸려서 안 좋고, 전력이 낮은 건 높은 것보다 오래 걸리고, 내부가 보이는 강화 유리 제품은 무거워서 안 좋다. 여러 테스트 끝에 최적의 효율을 내는 제품을 찾아서 세팅해야 한다. 전자동 머신도 여러 번 테스트를 해봤다. 저렴한 제품은 그만한 이유가 분명히 있다. 내부 세척을 너무 자주 해야 하는 불편함, 연속 추출이 한계가 있는 불편함 등 꼭 구매해 봐야 알 수 있는 것들이다. 이런 문제를 개선하기 위해 2배 비싼 제품을 구매해 지금은 만족하며 사용 중이다. 가끔은 중고로도 안 팔려 손해 본 기계도 많지만, 그럼에도 이런 시도는 운영하는 데 꼭 필요한 부분이다.

이제는 단순히 기계를 사는 걸 넘어 직접 자동화 기계를 만들어 보고 싶은 꿈도 생겼다. '샐러드 기본 토핑 세팅 기계', '샌드위치 포장 기계'가 그 예다. 끊임없이 상상해 보는 것이다. 샐러드 기계는 용기에 맞게 설정된 위치별로 재료가 자동으로 세팅되는 기계다. 예를 들면, 12시 방향에는 아몬드, 1~2시 스위트콘, 3시는 방울토마토…. 이런 식으로 기계가 한 번에 만들어 주는 것이다. 시간과 인건비를 동시에 절약할 수 있을 것이다. 샌드위치 포장 기계도 마찬가지다. 요즘 김밥을 자동으로 싸고 자르는 기계가 있듯이, 샌드위치도 만들어 놓고 기계에 넣기만 하면 포장과 커팅까지 되는 장비를 상상해 보는 것이다. 이렇듯 세상에 없는 샌드위치 · 샐러드 자동 시스템을 만들어 모두가 편하게 일할 수 있는 매장을 만드는 것이 나의 최종 꿈이자 목표다.

# 실수를 통해 배워라

불편함을 개선하려는 노력에서 성장과 혁신이 시작된다. 가장 빠르게 성장하는 방법은 고매출 선배 사장님의 주방을 직접 보고 배우는 것이다. 정중한 요청과 커뮤니티 활동을 통해 다양한 사장님들의 시스템 · 노하우를 접하면 혼자 고민하는 것보다 훨씬 빠르게 발전할 수 있다.

# 준비하기

## 샌드위치·샐러드 창업 시작 전 꼭 알아야 할 것들

#준비부족  #배달  #배달장사  #조리  #효율

#준원팩화  #주방세팅  #동선  #인테리어

## 샌코치의 핵심 미리 보기

샌드위치·샐러드는 다른 업종과 구분되는 분명한 특징들이 있다. 이러한 특징을 알고 시작하는 것과 모르고 시작하는 것은 그 출발부터 다르다. 창업 준비부터 장사하는 방법까지 샌드위치·샐러드 사장이라면 반드시 알아야 하는 내용을 다룬다.

1   자영업에 쉬운 길은 없다. 준비 없는 창업은 망하는 지름길이다.

2   배달장사를 알아야, 샌드위치·샐러드 업종의 특징이 보이기 시작한다.

3   샌드위치·샐러드 메뉴는 간편·속도·효율 3가지 요소가 가장 중요하다.

4   월세는 나의 '실력 위치'를 대변한다. 초보일수록 높은 월세는 위험하다.

5   높은 매출을 달성하기 위해서는 메뉴 판매에도 우선순위가 있다.

# 01

## 샌드위치·샐러드 창업은
## 준비가 부족하면 망한다

"준비하지 않은 사람에게 기회는 재앙이다."

제임스 우드

### 폐업 100만 시대

지난해 폐업한 자영업자가 100만 명을 넘어 역대 최대치를 기록했다. 외식 소비 감소와 경기 침체도 이유지만, 내 생각에 가장 큰 원인은 '배달 시장 확대'와 '낮은 진입 장벽'이다. 배달 시장이 커지면서 적은 비용으로도 누구나 쉽게 창업할 수 있다는 인식이 퍼졌고, 이는 자영업 시장 내 경쟁을 더욱 치열하게 만들어 폐업률을 높이고 있다.

요즘 네이버 카페 '아프니까사장이다'만 둘러봐도 그 이유가 보인다. 수요만큼이나 쏟아지는 창업 광고와 자극적인 홍보 문구가 연일 게시판을 가득 채운다. 그중 상당수는 허위 광고도 많다. 광고만 믿고 덜컥 차렸던 매장에 빚만 지고 나오는 경우가 태반이다. '1,000만 원으로 창업하기', '초기 비용 부담? 창업 대출 가능!', '오픈하자마자 순이익 월 1,000만 원', '가맹비·교육비·로열티가 없는 3무 특별 혜택!' 같은 문구가 누가 더 자극적으로 예비 창업자를 꼬실지 경쟁이라도 하는 것처럼 느껴진다.

이런 문구를 사용하는 브랜드가 있다면 한번은 의심해 보는 게 좋다. 세상에 공짜는 절대 없다. 본사는 자선 단체가 아니며, 인테리어 비용이나 재료비 안에 이미 창업비가 녹아 있는 경우가 많다. 원가율을 계산해 보면 금방 알 수 있다. 원가를 낮추기 위해 다른 재료를 쓰려고 해도 본사는 발주 데이터를 꼼꼼히 확인해 가면서 계약 위반 시 불이익을 주거나, 물류 공급을 중단할 수도 있다.

최근에는 '샵인샵'이 유행하면서 신생 브랜드 역시 쏟아져 나오고 있다. '샵인샵'이란 한 매장에서 최소 2개에서 많게는 4~5개 이상의 브랜드를 함께 운영하는 방식을 말한다. 기존 메뉴에 새로운 메뉴를 더해 매출을 올리는 전략이지만, 재료가 겹치지 않으면 운영·조리·재고 관리가 모두 어려워 성공 확률은 더 낮아진다. 이런 형태가 더 발전해 한 가지 재료를 가지고 다양한 소스로 맛을 내 여러 브랜드를 운영하는 '멀티샵'도 등장했다. 예컨대 '곱창 멀티샵'이라고 하면 불맛 곱창, 양념 곱창, 담백한 곱창, 옛날 곱창 등 각각 다른 브랜드 이름으로 판매하지만, 실제로는 한 곳에서 조리된다.

이런 방법들이 출연한 계기 역시 지나치게 과열된 배달 시장 내에서 조금이라도 더 많은 상위 노출을 하려는 전략이 깔린 이유에서다. 멀티샵, 샵인샵, 업종 변경 등 전략들을 잘 활용하는 소수의 사람은 고매출의 결과를 만들어 내기도 하지만, 대부분의 사장은 결국 피해만 보고 끝이 나는 경우가 많다. '현대판 배달 노예'라는 말이 있을 정도로 죽어라 일만 하고 남는 건 없이 폐업하게 된다. 현실이 이렇다. 그럼에도 창업을 결심한다면 최소 1년 이상 관련 공부와 현장 경험을 쌓은 뒤 도전하길 바란다. 더 이상 불 속으로 뛰어드는 불나방처럼 어리석은 행동은 금물이다.

샌드위치 · 샐러드 업종도 예외는 아니다. 수많은 브랜드 중에는 본사와 가맹점이 상생하며 성장하는 곳도 있지만, 그렇지 않은 곳도 많다. 한번은 강의 중 한 프랜차이즈 가맹 사장님의 얘기를 듣고 깜짝 놀란 적이 있다. 떡볶이 원팩을 본사에서 납품받는데 원가가 판매가 대비 무려 53%가 넘는 것이었다. 홀 판매에서 조금은 남을지 몰라도, 배달은 수수료에, 배달료에 마진이 남을 수가 없는 구조다. 이런 구조를 만들어 가맹점주들한테 팔도록 하는 본사가 은근히 많다. 이런 곳은 반드시 걸러야 한다. 이런 구조를 모른 채 창업했다가 빚만 지는 경우가 허다하기 때문이다. 마지막 지푸라기를 잡는 심정으로 창업을 시작하는 사람들이 많기 때문에 더욱더 허위 광고나 과장 광고에 속기 쉽다. 피해를 줄이려면 최소 열 곳 이상의 매장을 직접 찾아가 현업 사장님들의 조언을 듣는 것이 좋다. 아마 10명 중 8명은 창업을 말릴 것이다. 그만큼 자영업과 배달업은 쉽지 않다.

## 샌드위치 · 샐러드, 절대 쉽지 않다

2024년 6월 통계청에 따르면 국내 커피 전문점 수는 2022년 말 기준 10만 729개로 편의점(5만5천 개)의 2배를 넘었다. 한 업계 관계자는 "커피숍 증가는 다른 업종 대비 진입 장벽이 낮기 때문이다. 조금만 교육받아도 기계로 다 할 수 있기 때문에 너도나도 뛰어드는 경우가 많다."고 말했다. 편의점보다 많은 점포 수에서 말해주듯 남녀노소 할 것 없이 가장 쉽게 생각하는 업종이 바로 '커피 전문점'이다. 겉보기에도 편할 것 같은 이미지다. 가게도 깔끔하고 조용한 음악도 들으며 나만의 시간을 보낼 수 있을 것만 같다.

하지만 상상한 대로 가게를 운영하다간 돈 한 푼 못 벌고 망하기 딱 좋은 상황을 맞이할 수도 있다. 정작 현실은 상상과는 정반대이기 때문이다. 궁극적으로 카페를 여는 이유가 무엇인지 생각해 보면 된다. 결국 돈을 벌기 위함이다. 돈을 벌기 위해서는 상상했던 이미지와는 정반대로 가야만 가게를 운영하고 유지할 수 있다. 정신이 하나도 없고, 빨리빨리 해야 하고, 스트레스는 기본값이며, 예민하게 매장을 운영해야 살아남을 수 있다. 또한 커피와 음료만 팔아서는 더욱 살아남을 수 없다. 이런 이유로 많은 커피 전문점 사장님이 베이커리 카페, 디저트 카페, 요거트 카페, 젤라토 카페, 샌드위치·샐러드 카페 등 업종을 추가하는 것이다. 나에게도 샌드위치·샐러드로 업종 변경을 문의하는 사장님들이 많지만, 나는 항상 '절대 쉽지 않은 업종'이라고 강하게 말한다. 그럼에도 도전해 보고 싶다면 다음 장단점을 먼저 살펴보자.

**장점**

1. 타 카페 업종(디저트, 베이커리 등) 대비 객단가가 높다

2. 한식, 중식 대비 경쟁률이 낮다

3. 타깃층이 정해져 있어 고정 고객 확보가 쉽다

4. 단체 주문이 상대적으로 많은 업종이다

5. 조리 방식이 어렵지 않다

6. 음식이 식거나 면처럼 불을 일이 없다

7. 배달 이슈나 컴플레인이 적다

**단점**

1. 재료가 많은 만큼 전처리 준비도 많다

2. 야채 세척 및 재료 관리가 어렵고 야채 가격 변동도 크다

3. 타 업종 대비 더 많은 냉장·냉동고와 공간이 필요하다

4. 배달 매출 비율이 높아 노동 대비 수익률이 낮다

5. 노동 강도가 타 카페 업종 대비 높은 편에 속한다

6. 여름은 성수기, 겨울은 비수기로 계절에 영향을 받는다

7. 1인 매장으로 유지하기가 어렵다

단점보다 장점이 분명 많은 업종이긴 하다. 하지만 쉽게 생각하다간 후회할 수 있기에 신중히 선택하기를 바란다. 샌드위치·샐러드라서 힘든 이유도 있겠지만 배달업이 갖는 특징 때문에 어려운 점도 많다. 오픈 초기엔 알려지기 위해 2~3달은 남는 돈 없이 공격적인 광고를 해야 하고, 근무 시간도 길게 가져가야 한다. 또 샌드위치·샐러드는 준비한 재료를 모두 소진하면 다른 업종처럼 간단히 보충하기도 어렵다. 국밥은 육수가 떨어지면 물만 끓여 엑기스만 넣으면 금방 보충할 수 있지만, 샌드위치·샐러드는 야채 세척부터 토핑까지 손이 많이 가서 재정비가 쉽지 않다. 메뉴도 많아 재료 준비와 소분도 방대하다. 대충만 적어 봐도 적채, 토마토, 방울토마토, 양파, 닭가슴살, 로메인, 치커리, 양상추 세척, 계란 삶기, 계란 후라이, 소스 만들기, 드레싱 만들기, 병아리콩 삶기, 새우 삶기, 면 삶기 등 '매일' 해야 할 일이 끝이 없다. 한 가지만 기억하면 된다. 주문을 빼는 시간을 제외하면 하루 종일 재료 준비에 매달려야 한다. 앉아서 쉴 틈이 없을 만큼 노동 강도가 높다.

# 유비무환, 미리 준비하면 걱정이 없다

자영업은 결코 쉽지 않지만, 어려움을 알고 준비된 마음으로 시작한다면 누구나 도전할 수 있다. 시장은 계속 변화하므로 배달앱과 소비자 흐름을 매일 분석하며 전략을 꾸준히 업데이트해야 성장할 수 있다. '어렵다는 사실을 알고 시작하는 것', 그것이 성공의 첫걸음이다.

# 02

## 샌드위치·샐러드 장사는 배달이 좌우한다

"올바른 정보를 가진 사람은 이미 싸움의 절반을 이긴 것이다."

나폴레옹

### 샌드위치·샐러드, 지피지기면 백전백승

'샌드위치·샐러드를 알고 나를 알면 반드시 승리할 수 있다.' 그만큼 이 업종을 깊이 이해하고 도전하는 게 중요하다. 나는 첫 장사를 시작했을 때 물어볼 곳도, 정보를 얻을 곳도, 샌코치(?)도 없었다. 온전히 몸으로 부딪치며 배워야 했다. 이런 경험 덕분에 이렇게 책을 통해 여러분에게 전할 기회를 얻은 것은 큰 행운이지만, 그 과정은 결코 쉽지 않았다. 나는 내가 겪은 수많은 시행착오를 여러분이 반복해서 겪지 않기를 바란다. 적어도 내가 걸어온 길을 참고해 한두 걸음이라도 덜 힘들게, 덜 돌아가길 바라는 마음에서 이 이야기를 전한다.

샌드위치·샐러드 매장을 운영하는 방식은 크게 두 가지로 나눌 수 있다. 배달앱을 중심으로 매출을 키우는 A 사장님과 다른 경로를 활용하는 B 사장님이다. 대부분의 매장은 A 사장님처럼 배달앱을 통해 성장해 간다. 반면

B 사장님은 인스타그램·SNS를 활용해 '샌드위치 클래스', '정기 배송', '단체 주문' 등을 전문적으로 운영한다. 이들은 사진 촬영과 글쓰기에 능숙한 경우가 많다. 따라서 창업을 준비한다면 자신이 A 사장님 타입인지, B사장님 타입인지 먼저 파악해 볼 필요가 있다.

### A 사장님: 배달앱 중심 운영

**장점:** 배달앱 4사를 적극 활용해 높은 매출과 꾸준한 주문을 확보할 수 있다. 매출이 안정적이어서 높은 매출만큼 가게 매도 시 권리금을 받을 가능성이 크다. 대출을 받기도 유리해 사업을 확장하기에도 좋다. 또한 직원을 두고 오토나 반오토 형식으로 가게를 운영할 수도 있다.

**단점:** 높은 배달앱 수수료와 배달비, 인건비 그리고 세금으로 인해 수익률이 낮다.

### B 사장님: 클래스·정기배송·단체 주문 중심

**장점:** 높은 마진을 기대할 수 있다. SNS 광고와 입소문을 통해 시스템만 갖춰지면 고수익도 가능하다. 예를 들어, 샌드위치 클래스는 1회 2~3시간 기준 평균 100~120만 원의 수익을 올릴 수 있다.

**단점:** 매일 꾸준히 문의가 들어오지 않기 때문에 매출이 일정하지 않다. 마케팅·홍보 역량이 필수이며, 매장이 없어 권리금 산정이 어렵다. 사장 개인의 능력이 중요하기에 노하우를 전수하더라도 결과가 달라질 수 있다.

샌드위치·샐러드 창업을 고민한다면 내가 어떤 목표를 갖고 어떤 방식이 맞는지를 먼저 정해야 한다. 자신에게 맞는 운영 전략을 선택해야만 더 좋은 결과를 만들 수 있다.

## 샌드위치 · 샐러드는 결국 배달장사다

'샌드위치 · 샐러드는 결국 배달장사.'라고 지속적으로 강조해 왔다. 그 이유는 명확하다. 우선 샌드위치 · 샐러드라는 음식은 한식이나 중식처럼 사람들이 일상적으로 자주 찾는 음식이 아니기 때문이다. 솔직히 말해, 내가 샌드위치 · 샐러드 장사를 하지 않았다면 평생 배달로 시켜 먹지 않았을 음식 중 하나였을 것이다. 그만큼 샌드위치 · 샐러드의 주 고객층은 명확히 한정돼 있다. 그리고 이들은 매장을 직접 방문해 먹기보다는 가끔 생각날 때 배달을 통해 주문하거나 식단 관리 · 다이어트를 목적으로 일정 기간만 꾸준히 찾는 경우가 대부분이다. 비교를 위해 종종 햄버거를 떠올리곤 한다. 햄버거는 패티의 육즙이나 높게 쌓은 모양을 컨셉으로 방송이나 매스컴을 타면 줄을 서서 먹는 가게로 만들 수 있다. 하지만 샌드위치나 샐러드 가게는 줄 세우는 게 쉽지 않다. 잠깐만 생각해 보면, 줄을 서서 먹는 샌드위치나 샐러드 전문점을 본 적이 거의 없을 것이다.

실제 매장을 운영해 보면 오픈 초기에는 홀 매출과 배달 매출이 비슷하게 성장하다가도 가게가 점차 성장하면서 배달 매출이 점점 커지는 현상을 겪게 된다. 이런 이유에서 샌드위치 · 샐러드 장사를 잘하려면 결국 배달 시장의 특징을 제대로 이해하고 있어야 한다는 것이다. 배달앱 전문가 수준으로 배달 시장 변화를 빠르게 읽고 대응해야 하며, 끊임없이 분석하고 배워야 한다.

나 역시 배달앱을 공부했을 때, 우선 소비자 시선에서 분석을 시작했다.

내가 직접 소비자가 되어 다른 매장과 내 매장을 클릭하고 주문해 보는 것이다. 어디에서 노출되는지, 노출이 안 된다면 어떤 광고를 썼을 때 노출이 되는지, 여러 가게가 보일 때는 내 가게를 클릭하고 싶게 보이는지, 또 클릭 후 가게 정보 페이지를 봤을 때 주문 욕구가 생기는지를 꼼꼼히 살펴보는 것이다. 일종의 직업병(?)같이 나는 배달을 한 번 시켜 먹으려 해도 최소 30분에서 1시간은 걸린다. 주변 사람들에게 종종 핀잔을 듣지만, 어쩔 수 없다. 최소 비용으로 최대 효과를 내기 위한 나의 집요함에서 비롯된 성향이기 때문이다.

나는 이런 심리가 곧 소비자의 심리라고 생각한다. 소비자 역시 한정된 예산으로 최대한 많은 서비스를 받고 싶어 한다. 양이 많고, 배달비는 무료에, 리뷰이벤트까지 챙겨주는 가게를 선택할 수밖에 없는 것이다. 결국 소비자의 심리에 배달앱 세팅의 모든 비결이 담겨있다고 해도 과언이 아니다. 사장이라면 주기적으로 배달앱에 접속해 내 가게와 경쟁 가게, 잘하는 가게를 비교·분석하고 벤치마킹해야 한다. 두 번째로는 유튜브 채널을 참고한다. 대표적으로 〈배달창업TV〉, 〈배달장사의신 – 조세이돈〉 등을 주로 보는 편이다. 특히 〈배달창업TV〉를 통해 많은 도움을 얻었다. 이전 영상부터 정주행하면 배달장사의 기초 지식은 모두 익힐 수 있을 것이다.

# 속도도 중요하지만, 더 중요한 건 방향이다

샌드위치 · 샐러드는 '배달장사'에 가깝다. 홀 장사와 다른 전략이 필요하다. 배달은 입지보다 인구 밀도가 핵심이며, 반경 내 장애물만 없다면 골목의 저렴한 매장에서도 시작할 수 있다. 저비용 배달 매장으로 2년간 경험이 쌓이면 메인 상권으로 확장시킬 수 있는 실력을 갖출 수 있다.

# 03

## 배달장사를 성공으로 이끄는
## 기본 운영 방식

"작은 일들을 완벽하게 해내는 것이 큰일을 이룰 수 있는 유일한 길이다."

찰스 시먼스

### 배달장사를 성공으로 이끄는 10가지 기본 전략

이 장에서는 샌드위치·샐러드와 접목한 배달장사 노하우를 가감 없이 풀어보려 한다. 이 내용만 잘 정리해서 제대로 적용해도 매출이 2배는 더 뛸 것이다.

#### 1. 맛보다 중요한 '양과 구성'

1인분을 시켜도 1.5인분 같은 양을 세팅하는 게 중요하다. 샌드위치는 야채가 가득한 '뚱드위치'로, 샐러드는 뚜껑을 열었을 때 재료가 튀어나올 정도로 재료가 듬뿍 담긴 구성을 만들어야 한다. 받는 순간 '와! 여기 진짜 갓성비다!'라는 감탄이 나와야 재주문율을 이끌 수 있다.

#### 2. 배달앱 내 음식 사진은 우리 가게의 첫인상

배달앱은 곧 사장님이다. 배달앱 내 '문구'는 사장님의 '인성'을 나타내며 배달

**앱 내 '사진'은 사장님의 '얼굴'이라고 생각해야 한다.** 첫인상에서 사람 이미지가 결정되듯 배달앱도 첫인상부터 그 가게의 이미지가 달라진다. 배달앱이 지저분하면 매장도 더럽고, 사장님까지도 청결하지 않을 확률이 높다. 배달앱 역시 매장 인테리어처럼 정돈되고 깔끔해 보여야 들어가고 싶은 마음이 드는 것이다. 추가로, 사장님의 성격이 잘 드러나도록 배달앱 내 모든 문구에 사장님의 진심, 간절, 정직, 각오, 열정 등을 담으면 더욱 좋다.

### 3. 속도는 곧 생명

배달은 속도가 가장 중요하다. 고객은 배고플 걸 1시간 전에 예상하고 배달을 시키지 않는다. 배고픈 순간 즉시 주문하기 때문에 고객의 참을성은 그렇게 길지 않다. 사장 혼자 투덜대며 '주문한 지 얼마 되지도 않았는데 왜 이렇게 재촉해?'라고 해봐야 아무 소용 없다. 모든 메뉴는 포장까지 짧으면 3분, 길어도 5~7분 안에는 끝마치도록 시스템을 만들어야 한다. 이게 불가능하면 배달장사에 맞지 않는 메뉴인 것이다.

### 4. 주방 시스템의 3요소 '동선 · 간편 조리 · 소분화'

동선 · 간편 조리 · 소분화 세 요소가 반드시 맞물려야 효율이 극대화된다.

### 1) 동선 최적화

- 픽업대와 주방을 일치시켜야 한다
- 조리 → 포장 → 픽업이 한 공간에서 이어지도록 구조를 재설계한다.

## 2) 간편 조리

- 메뉴 구성 자체를 조리가 편하고 시간을 단축할 수 있는 방향으로 재편한다
- '조리 편의성'과 '속도' 두 가지를 모두 잡으면 이상적이지만, 둘 중 하나만이라도 반드시 확보한다.

## 3) 소분화

- 재료를 주문마다 개별 계량해 넣지 말고, 미리 소분 봉투나 배달 용기에 담아둔다.
- 소분화를 얼마나 창의적으로 적용하느냐에 따라 매출의 한계를 넘어설수 있다.

## 5. '재료 1개 = 메뉴 3~5개' 공식

메뉴나 옵션의 개수는 많을수록 좋지만 '무분별하게' 많은 건 좋지 않다. 배달장사에서 메뉴를 추가한다는 것은 1개의 메뉴를 위해 재료 1개를 추가하는 게 아니다. 오히려 반대로 생각해야 한다. 재료 1개를 추가해서 최소 3개에서 많으면 5개까지는 메뉴를 만들 수 있는 재료여야 한다. 여기에 그 재료를 활용해서 리뷰이벤트까지 세팅하면 더욱 좋다. 재료 순환을 통해 로스를 줄이고 재료의 효율을 극대화할 수 있다.

## 6. 리뷰이벤트는 강력한 무기(리뷰가 곧 마케팅이다)

리뷰이벤트는 기본적으로 최소 7개 이상은 구성하는 게 좋다. 리뷰의 개수나 종류에 따라 경쟁사가 아닌 내 가게를 선택할 확률이 높아진다. 실제

로 많은 고객이 어떤 리뷰이벤트가 있는지부터 비교해 보고 가게를 선택한다. 나만의 경쟁력 있는 리뷰이벤트로 고객을 확보하자. 아래는 대부분 매장에서 활용하고 있는 가장 기본적인 리뷰이벤트 7가지다.

1) 따뜻한 아메리카노

2) 차가운 아메리카노

3) 아이스티

4) 콜라

5) 사이다

6) 제로 콜라

7) 제로 사이다

여기에 8) 닭가슴살 맛보기, 9) 리코타치즈 한 스쿱 등 나만의 리뷰이벤트를 추가하면 더욱 좋다. 특별한 것일수록 차별화가 가능하다. 기존 메뉴에서 양을 조금만 줄여서 '○○○ 맛보기' 식으로 세팅하면 매력적인 리뷰이벤트가 될 수 있다. 리뷰이벤트로 내 가게의 경쟁력을 키워라!

## 7. 저렴한 월세로 시작

월세가 비싼 곳보다는 저렴한 곳이 배달장사에 유리하다. 첫 장사일수록 월세에 대한 고정지출 부담이 크기 때문이다. 메인 상권은 평수와 컨디션 대비 비싼 곳이 많다. 첫 시작은 동네에서 시작해도 괜찮다. 평수는 약 10평 내외 규모로 월세가 저렴하고 컨디션이 좋은 곳을 선택해야 한다. 무권리에 가까운 '낮은 권리금'일수록 금상첨화다!

## 8. 낮은 순이익을 인정하기

배달 시장은 점점 수익화 구조를 만들기 어려워지고 있다. 진입 장벽이 낮다 보니 출혈 경쟁은 심화되고, 이는 폐업으로 이어진다. 배달 플랫폼 역시 폐업률이 높아도 무서울 게 없다. 신규 업장 또한 늘어나기 때문이다. 이런 이유로 배달 플랫폼은 상생이나 수수료를 낮출 생각도 없어 보인다. 오히려 광고 상품이나 할인 쿠폰, 즉시 할인을 더 많이 사용하게 만들고 있다.

우리가 배달 플랫폼 정책을 바꿀 수 없다. 이런 구조 속에서 낮은 순이익을 인정하되, 원가나 인건비, 시스템, 구조, 메뉴 개발, 세금 등 다른 부분에서 수익 구조를 개편하려는 노력이 지속적으로 필요하다.


## 9. 누락은 곧 '나락'

배달 중 터짐이나 누락 사고가 없도록 포장 단계에서도 많은 신경을 써야 한다. 배달 업종 특성상 터짐이나 누락은 치명적이다. 배달을 보내서 버는 수익보다 재배달비가 더 비싼 경우도 있기 때문이다. 어렵게 만들어서 보낸 음식을 다시 보낼 일이 없도록 수저·포크나 리뷰이벤트, 특히 드레싱 소스 누락이 없도록 각별히 신경 써야 한다.


## 10. 배달앱 세팅 및 인테리어에 목숨 걸기

배달앱 내 인테리어를 포함해 '주문하고 싶은 가게'를 만드는 일을 '배달앱 세팅'이라 한다. 주문 진입 장벽을 낮추고 '주문을 할 수밖에 없는 세팅값'으로 매장을 바꿔 나가야 한다. 대표적으로 '외적 요인(앱테리어)'과 '내적 요인(세팅값)'이 있다. 이 두 가지를 잘 관리해 나가면 누구나 성공 매장으로 만들어 나갈 수 있을 것이다.

### 1) 외적 요인(앱테리어)

– 대표 메뉴 모음컷 첫 번째 사진(로고 사진)

– 가게 소개 사진 4가지

– 리뷰 배너 사진 3가지

– 메뉴 음식 사진

### 2) 내적 요인(세팅값)

– 최소 주문 금액

– 무료 배달

– 즉시 할인

– 할인 쿠폰

– 운영 시간

– 광고

– 리뷰이벤트

– 리뷰수

**샌코치가** **말하는** **성장 비법**

## 선택과 집중을 하라

샌드위치 · 샐러드는 배달에 최적화된 업종이므로 배달앱 공부에 더 많은 시간과 자원을 투자하는 것이 맞다. 중요한 것은 업종 특성에 맞는 방향성을 빨리 인정하고, 어디에 집중할지 전략적으로 선택하는 것이다.

# 04

## 배달업은 요리보다
## 조리 효율이 중요하다

"일을 단순하게 만들 수 없다면, 그 일을 완전히 이해하지 못한 것이다."

알버트 아인슈타인

### 지금은 원팩 · 자동화 시대

원팩(One-pack)은 조리 공정과 식재료 준비 과정을 한 번에 처리해 매장 운영 효율을 높이는 방식을 말한다. 이미 많은 프랜차이즈가 도입해 사용 중이며, 대표적으로 국밥집에서 갈비탕 · 감자탕 · 육개장 등의 메뉴를 1인분 기준 비닐 파우치로 만들어 공급하고 있다. 주문이 들어오면 비닐을 뜯어 팬에 넣고 끓이기만 하면 약 2~3분 만에 국밥 한그릇이 완성될 정도로 간편하다.

조리 과정을 극도로 단순화한 이 '원팩 시스템'은 국밥 · 김치찜 · 죽 · 찌개 등 한식은 물론 짜장면 · 짬뽕 · 탕수육 등 중식까지 영역을 넓히며 빠르게 확대되고 있다.

원팩 시스템은 배달 환경에 최적화된 방식이지만 단점은 가격이다. 공장에서 '재료 손질 → 조리 → 살균 · 멸균 → 포장'까지 거치는 과정에서 재료비 · 인건비 · 수도 · 전기 · 개발비 등 여러 비용이 포함된다. 결국 매장에서는 팩 하나만 뜯으면 되지만, 그 편리함이 곧 높은 원가율로 이어져 보통 원가율이 45~50% 이상에 달한다. 이런 이유로 본사는 조금이라도 더 사용량을 늘려 단가를 낮추려 많은 노력을 쏟고 있다.

나는 원팩의 원가율을 최소 30% 초·중반대까지만 만들어도 배달 시장에서 압도적인 브랜드가 될 것이라 확신한다. 앞으로의 배달 시장은 수수료가 35~40%까지 오르는 구조로 변화하고 있다. 그렇기 때문에 '비싼 인건비'와 '복잡한 조리 과정'을 피할 수 있는 '원팩 시스템'에서 새로운 길을 계속 찾게 될 것이다. 가격은 낮추고 품질은 유지할 수 있는 '저원가·고품질 원팩'이야말로 자영업 배달 시장에서 살아남는 유일한 해법이 될 가능성이 크다.


## 원팩에 대한 인식과 현실

얼마 전 '13,500원 배달 죽의 진실'이라는 기사가 화제가 됐다. 한 아르바이트생이 선반에 진열된 기성 죽 사진을 커뮤니티에 올린 것이 발단이었다. 박스에는 'COUPANG'이라는 글자가 선명했다. 소비자의 반응은 둘로 나뉘었다.

"기성 제품을 데우기만 해서 판매하는 줄 알았으면 집에서 해 먹었을 것."
"이걸 몰랐나, 죽뿐만 아니라 배달 전문점의 다른 음식도 비슷할 것."

요즘은 기성품도 퀄리티가 잘 나온다. 죽이나 볶음밥 등이 대표적으로, 소비자들이 알기 어려울 정도로 맛도 훌륭하다. 매장에서 죽을 직접 만들려면 쌀을 씻고 불려 강불에 끓은 뒤 약불로 저어주는 긴 과정을 거쳐야 하는데 배달까지 고려하면 1시간 이상 걸린다. 이런 메뉴는 배달 메뉴와 맞지 않는다. 이런 이유에서 기성품을 활용하거나 본사에서 만든 원팩을 사용하는 것이다. 실제로 기성 죽은 1팩당 2,200원에서 2,480원 수준이며, 뜯어서 전자레인지에 데운 다음 배달 용기에 옮겨 담으면 조리가 끝난다. 원가율로 따지면 1팩당 18.3% 정도 된다. 그럼 도대체 '얼마나 남겨 먹는 거냐!?'라고 물을 수도 있지만, 조리 중간에 김이나 깨를 뿌려 나가거나 재료를 추가하기도 한다. 또 밑반찬으로 단무지, 젓갈, 김치 등이 같이 나간다. 이런 이유에서 실제 원가는 더 높다. 또 여기에 플랫폼 수수료와 배달비까지 메뉴 가격에서 부담하고 포장비, 인건비, 광고비, 세금까지 고려하면 실제로 남는 금액은 생각보다 그리 크지 않다. 이게 바로 현재 배달 시장의 현실이다. 그러니 원가가 최대한 낮으면서 조리도 간편한 기성 제품 메뉴를 지속적으로 개발하려는 것이다.

틀렸다, 맞았다 할 수 있는 상황은 아니지만 어떻게 해서든 살아남기 위한 방법 중 하나가 되어가고 있다. 이렇듯 어려운 배달 시장에서 조리마저 힘들거나 시간이 오래 걸린다면 그 브랜드의 수명은 오래가지 못할 것이다. 배달 메뉴는 일반 메뉴와 달라야 한다. 조리 방식이 간편해야 하고, 조리 시간이 짧아야 하고, 힘들거나 복잡하고 어려우면 안 된다. 다시 말해 조리를 하려 노력해야지, 요리를 해서는 배달장사로는 롱런하기가 어렵다. 나 역시 음식엔 '정성'이 들어가야 한다는 생각이지만, '원팩엔 정성이 없어.'라고 단정 지어 말하기도 쉽지 않다. 개발 과정에서 많은 에너지와 정성을 들여 만든 시스템이니 다른 의미의 '정성'이 들어가 있다고 생각한다. 이런 이유에서 결국 배달 음식은 요리보다 조리에 가까워야 한다.

## 샐러드도 원팩이 가능할까?

　샐러드도 원팩화가 가능할까? 이 의문에 대한 답을 매일 나는 찾고 있다. 다양한 아이디어가 있고 실제로 테스트 중이다. 양상추, 치커리, 로메인 등이 포함된 야채 믹스만 150g씩 비닐 파우치에 담아 만들면 그것도 '샐러드 원팩'이 될 수 있다. 주문 들어올 때마다 뜯어서 토핑만 올려 나가면 된다. 하지만 조금만 더 생각해 보면 토핑 올리는 과정을 별도로 해야 하니 완벽한 원팩이라 하기엔 어렵다. 실제로 야채 믹스에 토핑까지 다 들어가 있는 완제품의 파우치 샐러드 제품도 있다. '이걸 뜯어서 사용해 보면 어떨까?'라는 고민도 했지만, 샐러드의 생명은 다양한 토핑의 위치가 색감적으로 조화를 이루는 것도 중요한데, 이게 불가능해서 포기했다. 편리성만을 위한다면 괜찮기도 한 제품이다.

　현재 다양한 업종에서 사용되고 있는 원팩 파우치처럼 '샐러드 원팩'을 만들기엔 분명 한계가 있어 보인다. 하지만 꼭 지금 나와 있는 것처럼 '원팩화'를 한다기보다 어떻게 해서든 원팩에 가깝게 편리성만 극대화하면 그게 곧 '원팩에 가까운 제품'이 된다고 생각한다. 나는 이런 방식을 '준 원팩화'라고 부르고 있다. 그동안 운영하며 정말 수도 없이 조리 방식과 재료 소분을 편리하게 만들어 보려 노력했다. 시간이 걸리는 건 최대한 시간을 줄이려 했고, 직원이 매일 같이 작업해야 하는 업무는 외부 업체에 맡겨 손질된 재료를 받기도 했다. 이렇게 해서 매장 내 많은 부분에서 '준원팩 시스템'을 만들었다. 앞으로도 이 '준원팩 시스템'을 '원팩 시스템'으로 바꾸기 위해 끊임없이 고민하며 연구 개발을 할 것이다. 빠른 시일 내에 완벽에 가까운 '샐러드 원팩'을 만들어 선보이고 싶은 마음이다. 그때까지는 내가 하고 있는 '준원팩 시스템'의 노하우 전부를 '다음 단계'에서 모두 공개할 테니 가게 운영에 조금이나마 도움이 되었으면 좋겠다.

## 더 빠르게! 더 쉽게! 더 편하게!

배달 시장은 수수료 때문에 홀보다 2배는 더 많이 팔아야 한다. 그만큼 작업 효율 및 구조 개선이 필수다. 메뉴 구성과 조리 방식을 '더 빠르고 덜 힘들게' 할 수 있는 개선점을 매일 고민해야 한다. 1초 단축 · 간소화 · 효율화 같은 작은 변화라도 계속 시도해 최적의 방법을 찾아가야 한다.

# 05

## '준 원팩화'를 완성하는
## 다양한 주방 기술

"효율적인 시스템은 사람을 바꾸지 않아도 성과를 바꿔준다."

에드워드 데밍

### 준 원팩화 '조리 과정편'

조리 방식 간소화를 통해 원팩에 가까운 '준 원팩화'를 시도한 노하우들이다. 이 방법들만 적용해도 덜 힘들고, 덜 불편하고, 더 빠르게 주문을 쳐낼 수 있다. 이런 방식들이 적용되지 않으면 고매출로 넘어가는 길이 어렵다. 꼭 가게에 적용하여 내 것으로 만들어보길 바란다.

### 1. 닭가슴살 원팩화

기존 방식인 염지 후 삶아 쓰거나 수비드 방식에서 '스팀 닭가슴살' 제품(그린펠로우전용)으로 조리 방식을 바꿔 사용 중이다. 간이 되어 있는 닭가슴살이 80g씩 원팩에 담겨 있어 전자레인지에 30초만 돌리면 된다. 준비 과정 없이 노동 강도를 크게 줄였다.

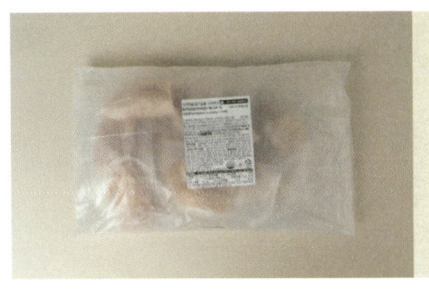

닭가슴살 원팩

휴대폰 카메라를 켠 뒤, QR코드를 화면에 비추세요.

### 2. 샐러드, 포케 기본 토핑 통일화

메뉴마다 기본 토핑이 다 다르면 헷갈리고 오래 걸린다. 기본 토핑은 모두 통일하고 메인 토핑에 따라 메뉴만 바뀌도록 하면 준비 과정이나 조리가 훨씬 간편해진다.

### 3. 샌드위치 양상추 스택, 식빵통(락앤락)에 3줄씩 쌓아놓기

샌드위치를 만들 때 주문마다 식빵 위에 양상추를 쌓는 것도 꽤 오래 걸린다. 미리 양상추 스택 모양을 잡아 식빵통(락앤락)에 쌓아놓으면 만드는 시간을 크게 줄일 수 있다.

### 4. 샌드위치 '속 재료'를 미리 만들어 보관하기

속 재료란 보통 토마토, 양파, 피클, 적채, 햄, 치즈 등을 말한다. 샌드위치 레시피 구성부터 속 재료의 순서를 같게 만들면 여러 샌드위치를 만들

때 공통적으로 사용할 수 있다. 미리 속 재료를 만들어 락앤락 통에 넣어두고 사용하면 만드는 시간을 절반은 줄일 수 있다.

### 5. 샌드위치 재료는 미리 구워놓고 냉장 보관 후 주문 즉시 전자레인지에 돌리기

떡갈비, 해시브라운, 통새우튀김, 오믈렛, 케이준치킨 등 샌드위치에 들어가는 메인 재료들은 미리 만들어서 냉장 보관을 해놓는다. 주문마다 굽기 시작하면 오래 걸린다. 전자레인지에 30초만 돌려 사용하면 시간을 절약할 수 있다.

### 6. 큐브 형태의 재료를 활용해 에어프라이어 활용하기

부채살이나 목살을 큐브 형태로 받으면 에어프라이어로도 조리가 가능하다. 다만 시간이 다소 오래 걸린다. 오리, 우삼겹, 틸라피아, 삼겹살, 두부, 가라아게, 감자튀김 등 모두 에어프라이어로 조리가 가능하다. 시간보다 편리함을 더 추구한다면 에어프라이어를 활용해 보자.

### 7. 양상추 제외한 로메인, 치커리, 케일, 적근대 등 '2차 야채'는 샐러드 믹스 활용하기

어떤 재료든 인건비 대비 효율을 따져보고 가격을 비교해 보면 정답이 나온다. 2차 야채들은 세척 후 먹기 좋게 커팅까지 해야 하는 번거로움이 있다. 재료는 싸게 구매할지 몰라도 그만큼 인건비도 포함된다. 인건비 대비 '손질되어 나온 샐러드 믹스'를 활용하면 오히려 노동 비용 및 시간을 절약할 수 있다.

## 8. 커팅 새송이버섯, 커팅 양파, 적채 슬라이스 등 작업은 외부 업체 활용하기

야채 작업은 손질도 힘들고 시간도 오래 걸린다. 힘든 만큼 '손질 전 야채'와 '손질 후 야채'의 가격 차이가 크지 않다. 매장에서 직접 사장이나 직원이 하는 것보다 외부 업체에서 구매하는 게 노동 비용 및 시간을 절약할 수 있다.

## 9. 보급형 커피 머신에서 전자동 커피 머신으로 교체하기

원두를 갈아 탬핑을 해서 커피를 추출하는 것까지 이것 또한 시간이다. 나 역시 처음엔 '콘티벌스 2gr' 보급형 커피 머신을 쓰다가 매출이 높아지면서 '전자동 머신'으로 바꾸게 되었다. 시간이 절약되고 추출 과정이 간편해서 배달 업종에는 전자동 머신이 더 유리하다.

## 10. 실링기(캔시머), 자동식 온수 디스펜서, 자동식 슬라이서 등 '수동에서 자동으로 교체'하기

초창기 글래드 매직랩, 나이스3 온수기, 채칼을 사용했다. 글래드 매직랩을 '실링기(또는 캔시머)'로 바꾸고 포장이 편해졌고, 나이스3 온수기에서 '자동식 아쿠아s9 온수기'로 바꾸고 시간을 절약할 수 있었고, 채칼에서 '자동식 슬라이서'로 바꾸고 토마토, 적채 준비가 쉬워졌다. 현재 수동으로 하는 일이 있다면 '자동으로 바꿀 수 있는 기계가 있지 않을까?' 고민해 보고 찾아보는 습관이 정말 중요하다.

## 준 원팩화 '재료편'

처음엔 누구나 '장인 정신'이 발휘되어 재료 하나하나에 온 정성을 다한다. 지극히 당연한 일이다. 나 역시 재료를 바꾸는 일이나 냉동 및 기성 제품 사용을 극도로 꺼렸다. 하지만 장사를 더 길게, 더 오래 하기 위해서는 모든 음식을 전부 '엄마의 정성 가득한 음식'처럼 할 수는 없다. 재료를 바꿀 때도 최대한 기존에 사용하던 재료에서 '맛에는 큰 변화가 없지만 저렴한 것', '모양에 큰 변화는 없지만 더 간편한 것', '기존 수제 방식에서 맛이 비슷한 기성 제품을 사용하는 것' 등 어느 정도 타협할 수 있는 태도도 필요하다.

### 1. 냉동 계란프라이 활용하기

샌드위치에 들어가는 계란프라이는 '냉동 계란프라이'를 활용하면 간편하다. 계란프라이를 매장에서 직접 하면 기름이 튀고 시간도 오래 걸리는 등 힘든 작업 중 하나다. 가격 차이도 크지 않아 청소 노동과 시간을 절약할 수 있다.

### 2. 기성 볶음밥 활용하기

다양한 업종에서 냉동 볶음밥 기성 제품을 활용하고 있다. 천일, 엄지, 곰곰 볶음밥 등 브랜드가 다양하다. 전자레인지에 약 6~7분 정도 돌리면 볶음밥이 완성된다. 고추기름이나 깨, 계란프라이, 추가 옵션을 활용하면 메뉴 응용도 가능하다. 노동 및 시간과 비용을 절약할 수 있다.

### 3. 기성 스프 활용하기

냉동 스프를 활용하면 편하다. 분말에 물을 희석해서 사용하는 제품이 아닌 소분만 해서 쓸 수 있는 완제품의 냉동 스프를 활용하면 노동 및 시간을 절약할 수 있다. 단점으로는 해동 후 1~2일 안에 사용해야 한다.

### 4. 냉동 야채 활용하기

브로콜리, 그린빈, 당근, 버섯, 단호박, 고구마, 콩, 미니 양배추, 콜리플라워 등등 색감별로 냉동 야채를 활용해 도시락을 다양하게 구성할 수 있다. 뜨거운 물에 1~2분 넣어놓기만 하고 물기 제거 후 사용하면 된다. 시간 및 비용을 절약할 수 있다.

### 5. 구운 야채 소분해 놓기

커팅 양파, 커팅 버섯, 호박 슬라이스, 꽈리고추, 가지 등 구운 야채를 활용할 땐 미리 구성한 야채들을 소분 봉투에 모아 묶어 놓는다. 굽기 전 매듭만 풀어서 사용하면 편리하다. 이런 식으로 다른 재료에서도 소분할 게 더 없는지 항상 고민해 봐야 한다. 이게 바로 '소분화'다.

### 6. 병아리콩은 삶지 말고 통조림캔, 냉동 병아리콩으로 전환

병아리콩을 한번 사용하려면 생 병아리콩을 찬물에 반나절 이상 불리고 약 20~30분 삶은 뒤 사용해야 한다. 조리 과정이 오래 걸리고 힘들다. 베수 칙피스 제품의 통조림캔 병아리콩은 오픈 후 바로 사용할 수 있어 노동 및 시간을 절약할 수 있다. 맛은 삶은 게 훨씬 맛있다.

### 7. 블랙올리브 '슬라이스'에서 올리브 '홀'로 전환

미리 준비된 샐러드의 단점은 '~빼주세요' 등의 요청 사항이다. 올리브는 대표적인 '빼주세요' 재료로, 슬라이스를 사용하게 되면 일일이 빼내기 힘들다. 홀 올리브를 사용하면 덩어리 4개만 빼면 되니 편하다. 또한 샐러드 만드는 과정에서 계량하기도 편하다.

### 8. 아몬드 '슬라이스'에서 아몬드 '홀'로 전환

'견과류 알러지 있어요' 등이 가장 힘든 요청 사항이다. 처음에 아몬드 슬라이스를 사용할 땐 다시 샐러드를 만들어야 했다. 지금은 아몬드 7~8개만 빼면 된다. 올리브처럼 샐러드 만드는 과정에서 정확한 계량이 가능하다.

### 9. 포케 게맛살은 '꽃게맛살', 파인애플은 '파인애플 청크'로 활용

게맛살을 꽃게맛살로 쓰면 찢을 필요 없이 넣을 수 있어 포케 만들 때 간편하다. 꽃게맛살, 파인애플 모두 덩어리 3~4개만 넣으면 된다. '~빼주세요' 등의 요청 사항에도 편리하게 활용이 가능하다. 다만, 포케 위 재료 토핑 모양에서 투박하게 보일 수 있다. 모양보다 편리성이 중요하다면 바꿔보는 것도 좋다.

### 10. 기성 드레싱, 기성 소스 활용

장사 초창기엔 잘하고 싶은 욕심에 '나만의 레시피', '나만의 소스', '나만의 드레싱' 등 모든 것을 수제로 하려는 경향이 있다. 최소 몇 가지는 수제를 통해 가게 경쟁력을 확보하고 나머지 부분들은 맛이 크게 다르지 않은 선에서 기성 제품들을 활용하면 훨씬 편하다. 기성 제품도 수제만큼이나 맛있는 제품들이 많이 나와 있으니 여러 제품을 먹어보는 게 중요하다. 찾아볼 시간이 없는 분들은 샌코치 유튜브에 '샐러드 드레싱 10종'을 보면 10가지 추천 드레싱을 소개해 놓았다.

(카페창업 노하우 다 알려드릴게요 2편) 샐러드 드레싱 10종 전부 공개!!

조회수 4.4천회 · 10개월 전

기성 드레싱 10종 제품 정보

휴대폰 카메라를 켠 뒤, QR코드를 화면에 비추세요.

샌코치가 · 말하는 · 성장 비법

## 조금은 내려놓아도 괜찮다

사소한 것까지 하면 100가지는 넘을 것이다. 핵심은 이를 참고해 스스로 창의적으로 응용하는 능력을 키우는 데 있다. 정성과 장인 정신도 중요하지만, 맛이 비슷하다면 더 효율적인 새로운 방식을 찾는 것이 사장의 역량이다.

# 06

## 초기 창업은
## 집 가까운 저월세가 유리하다

"효과적인 행동은 가까운 곳에서부터 나온다."
피터 드러커

### 배달 업종, 상권과 입지가 중요할까

샌드위치 · 샐러드 업종은 여러 번 강조했듯 홀 장사보다는 배달장사에 가깝다. 이유는 앞서 언급한 것처럼 명확하다.

1. 샌드위치·샐러드는 주식이 아니며,
2. 특정 고객층이 뚜렷하게 정해져 있고,
3. 요리라기보다 조리에 가까운 형태이기 때문이다.

샌드위치 · 샐러드는 경쟁업체끼리 메뉴만 살펴봐도 재료와 구성이 서로 비슷하다. 벤치마킹이 그만큼 쉽고, 서로 벤치마킹을 가장 많이 하는 업종이기도 하다. 이런 특성 때문에 독보적인 맛과 시그니처 메뉴로 멀리서도 찾아오게 하거나, 줄 세울 정도로 맛집 매장을 만들기는 현실적으로 쉽지 않다. 이런 이유로 샌드위치 · 샐러드 매장은 굳이 입지가 뛰어난 곳이나 대형 상권을 찾아 들어갈 필요가 없다. 좋은 자리는 그만큼 높은 월세를 감수해야 하는데 그 비용을 감당할 만큼 업종 특성과 잘 맞지 않기 때문이다.

월세는 매우 정직한 비용이다. 월세 차이가 있다는 건 그만큼 저렴한 월세에 비해 높은 월세가 하는 역할이 많기 때문이다. 가장 큰 차이는 유동 인구, 즉 가게의 노출이다. 많은 사람이 오가는 곳일수록 방문 확률이 높아지고, 그 자체가 마케팅 효과를 가진다. 물론 '들어오고 싶게 만드는 매력적인 가게'를 만드는 일은 그다음 단계의 문제이지만, 우선 월세가 하는 가장 큰 역할은 사람들에게 보여주는 것이다. 이런 맥락에서 비싼 월세에는 이미 마케팅·광고 비용이 녹아 있다고 볼 수 있다. 반대로 저렴한 월세의 점포는 그 차이만큼 외부 광고나 홍보에 비용을 따로 써야 한다. 요식업 전문가인 홍석천·이원일이 운영하는 유튜브 채널에서도 '장사는 첫째도 목, 둘째도 목, 셋째도 목'이라고 강조한다. 그만큼 입지와 상권이 중요하다는 의미다.

하지만 이러한 월세 효과를 온전히 누리기 힘든 업종이 바로 샌드위치·샐러드다. 예를 들어, 강남역 11번 출구 바로 앞에 같은 평수와 같은 월세로 '국밥집'과 '샐러드 가게'가 나란히 오픈했다고 가정해 보자. 유동 인구가 동일하더라도 하루 방문객 수에서 분명 차이가 날 것이다. 물론 사장의 운영 능력에 따라 결과는 달라질 수 있다. 하지만 높은 월세의 메인 상권에서 큰 효과를 거두기엔 샌드위치·샐러드 업종이 불리하다는 사실은 변하지 않는다.

특히 첫 창업이거나 샌드위치·샐러드를 한 번도 운영해 보지 않은 사장이라면 높은 월세는 더더욱 위험하다. 예비 창업자에게 늘 조언하지만, 처음 시작할 때 월세 200만 원이 넘는 점포는 피하는 게 좋다. 수도권 기준 평수 10평 정도 내외에서 최소 100~150만 원에서 시작하는 편이 안전하다.

물론 월세가 낮다고 무조건 다 좋은 건 아니다. 그만큼 평수는 좁아지고 컨디션이 안 좋아지기 때문이다. 최소 10평 이상은 되어야 샌드위치·샐러드 업종에 적합하다. 보통 임대차 계약은 2년으로 가게를 2년 정도 운영해 보면 내가 메인 상권으로 나가도 괜찮을지, 아니면 여기서 멈출지 감이 잡히게 된다. 실패 확률을 최대한 줄이려면 최소 2년 동안은 죽도록 고생해 본 뒤, 그다음 단계에서 메인 상권으로 진출할지 신중히 결정하는 것이 좋다.

## 낮은 월세, 집과 가까운 곳이 유리하다

내 경험을 비추어 보면, 배달 업종은 집과 매장이 가까울수록 유리하다. 자동차로 10분 이상만 가도 배달 업종을 하기엔 다소 먼 거리다. 배달장사의 핵심을 단 하나만 꼽으라면 단연 '영업시간'이다. 배달 매장을 가장 빠르게 키울 수 있는 방법도 '영업시간'이고, 가장 빠르게 무너지게 하는 것도 '영업시간'임을 알아야 한다. 긴 영업시간을 버틸 수 있는 원동력은 결국 '체력'이다. 그 체력이 뒷받침될 수 있도록 만드는 게 '집과 가게의 거리'다. 경쟁 가게를 이기고 싶다면 가장 기본이 되는 '영업시간'부터 더 길게 해야 한다. '영업시간'이 뒷받침되어야 그다음도 있는 것이다. 이를 잘 해내기 위해서 나의 생활 공간인 집과 가게가 가까울수록 덜 힘들다.

나는 운이 좋게도 집과 가게의 거리가 단 30초밖에 걸리지 않는다. 엘리베이터만 타면 바로 1층 가게가 나온다. 집이 6층인데 우연히 건물 1층 상가 카페가 매물로 나왔다. 그때 당시에는 집이 가까운 게 좋은지도 모르고 상가를 덥석 계약했지만 이게 행운의 시작점이었다. 실제로 오픈 초 배달이 많지 않을 시기에 퇴근이라는 개념 없이 가게는 닫아도 배달은 계속 켜놓았다. 지금이야 배달이 계속 울리니 집에서 쉬다 나올 수 없을 정도가 되었지만, 초반엔 주문이 많지 않았다. 배달 하나하나가 소중했다. 배달앱만 켜놓은 상태에서 퇴근 아닌 퇴근을 했다. 집에서 쉬다가 배달이 울리면 잽싸게 나가 주문을 뺐다. 주문을 하나 빼고 또 집으로 올라가서 쉬고 이런 식의 운영을 하며 성장해 나갔다. 이처럼 집이 가까우면 여러 장점이 있다.

1. 중간에 잠시 올라가서 샤워나 가볍게 씻고 올 수 있다.
2. 잠깐 밥도 먹고 나올 수 있다.
3. 전기 누전, 배수 문제 등 여러 이슈에 빠르게 대응할 수 있다.
4. 갑작스러운 직원 결근 이슈에 빠른 대응이 가능하다.

반대로 집과 아주 먼 곳에 매장을 구한다거나 차로 15~20분 이상 운전해서 가는 거리는 피하는 게 좋다. 홀 매장은 입지나 상권, 유동 인구에 따라 오픈 및 마감 시간을 어느 정도 조정할 수 있지만, 배달 매장은 다르다. 배달 매장은 24시간까지는 아니더라도 항상 켜 있는 매장일수록 유리하다. 배달이라는 본질 자체가 편리함을 위한 것이기 때문이다. 언제 어디서든 생각날 때 항상 열려 있는 가게가 성장할 수밖에 없다. 결과적으로 배달 매장을 구할 땐 집은 가까우면서 월세는 낮은 곳부터 시작하는 게 여러 가지로 유리하다.

## 배달 상권의 핵심은 역품매
배달 매장을 구할 때는 '역을 최대한 많이 품은 매장'을 구하는 게 좋다.

매장을 기준으로 반경 내 약 1~1.5km 기본 거리에 최대한 많은 역이 있을 수록 유리하다. 역이 있다는 것은 '역세권'이라는 말처럼 아파트가 많고 인구 밀도가 높은 곳을 의미한다. 또 아파트가 많다는 것은 학교나 편의 시설도 많다는 걸 의미하기 때문에 최대한 많은 인구가 모여 살고 있을 확률이 높다. 네이버 지도에 '샐러가든'이라고 검색하면 반경 1.5km 거리 내에 암사역, 암사공원역, 명일역, 굽은다리역, 길동역, 강동역, 천호역까지 무려 7개의 지하철역이 존재한다. 정리하면 배달 상권 및 배달 입지가 좋은 곳이란 지하철역이 최대한 많은 '역품매'이면서 골목으로 들어가 '월세가 저렴'하고 '집에서 가까운 곳'을 찾으면 최고의 위치다! 여기에 추가로 선결제 방식에 유리한 동주민센터나 보건소 등 공공기관이 있으면 더욱 금상첨화다!

네이버 지도. 샐러가든 본점 '역품매' 예시

## 매물 선택 시 주의 사항

'집은 가까우면서 월세는 낮은 곳'을 찾을 때도 몇 가지 주의 사항은 있다. 이 부분들까지 잘 체크하고 최적의 매장을 찾아보길 바란다. 배달 매장을 구할 때 놓쳐선 안 되는 부분 중 하나는 바로 배달대행 기사님들 입장을 꼭 고려해 봐야 한다는 것이다. 기사님 입장에서는 배달 상권과 입지가 형성된, 즉 배달 매장이 모여 있는 곳일수록 픽업하기가 유리하다. 배민의 '알뜰배달'과 쿠팡의 '세이브 배달' 등 여러 집을 한 번에 묶어갈 수 있는 배달 시스템이 있기 때문에 매장이 몰려 있는 곳에 가면 여러 개를 묶어 수익을 높일 수 있다. 반대로 배달 매장이 몰려 있는 곳과 너무 멀리 떨어져 있으면 기사님들이 콜을 잡지 않거나 아주 늦게 잡는 일이 빈번해진다. 이는 배달 지연으로 고객 불만으로 접수될 확률이 크고, 이런 부분이 쌓이다 보면 주문수는 자연스럽게 떨어지고 심하면 폐업으로 이어질 수도 있다.

비슷한 이유로 지역구와 지역구의 경계선에 배달 매장을 선택하는 것 역시 피해야 한다. 매장 입장에서만 봐도 매장이 포함된 구에서 다른 구로 넘어가는 순간 배달대행업체가 설정해 놓은 추가 비용이 발생하여 수익이 떨어질 수 있다. 기사님 또한 같은 구에서만 활동하는 걸 원하거나 다른 구로 넘어가려 하지 않는다. 다른 구에 배달을 갔다가 다시 원래 있던 구로 넘어오는 길에 배달을 받아와야 손해가 없는데 보통은 빈손으로 돌아와 손해를 보기 때문에 애초에 콜을 잡지 않는다. 이는 또 배달 지연으로 이어져 이 역시 고객 불만으로 연결된다.

또 다른 이유로 배달 매장은 보통 저녁 늦게까지 하는 경우가 많다. 겨울은 괜찮지만, 특히 여름 야간이 문제다. 항상 불을 켜놓기에 '벌레와의 전쟁'이 시작된다. 하루살이부터 평생 못 보던 벌레까지 기사님이 문을 열고 들어올 때마다 벌레가 들어온다. 음식점이라 날파리도 조심해야 하는데 수많은 벌레 유입의 위험이 있으니 조심해야 한다. 다음 날 아침 유리창에 붙어 있거나 떨어진 하루살이만 봐도 치가 떨릴 정도다. 특히 주변에 천이 흐르거나 강 주변, 정화 시설 등 벌레가 있을 만한 곳은 더욱 피해야 한다.

마지막으로 엘리베이터가 없는 2~3층 매장이나 지하 매장, 길 찾기가 어려운 상가 역시 피해야 한다. 푸드 코트처럼 아무리 상가 안에 상권이 형성되어 있어도 그건 홀 장사를 위한 유동 인구지, 배달장사에서는 적용되지 않는다. 배달기사는 음식 픽업을 위해 5분씩 걸어서 가는 곳을 잡지 않는다. 동시에 네이버 지도를 봤을 때 반경 내에서 큰 산이 있거나 개발 지역, 인구가 없는 곳은 피해야 한다. 이는 이미 내가 할 수 있는 전체 매출의 일부를 잃고 시작하는 것과 다름없기 때문이다.

**샌코치가** **말하는** **성장 비법**

## 월세는 내 실력에 맞게 선택한다

초보일수록 저월세 매장에서 실력을 먼저 키워야 한다. 낮은 월세에서 배달 주문을 충분히 소화할 능력을 갖춘 후에야 홀 · 배달 병행 매장이나 메인 상권으로 도전할 수 있다. 초기에는 집과 가까우면서 월세가 낮은 곳에서 시작하는 것이 실패 확률을 가장 크게 낮춘다.

# 07

## 꼭 챙겨야 할 인테리어 3요소
## – 선반, 싱크대, 냉장고

"한 번 제대로 설계하면, 열 번의 수리를 줄일 수 있다."

벤저민 프랭클린

### 주방 인테리어 동선, 정확히 알고 시작해야 한다

주방 인테리어와 동선은 장사를 그만두는 그날까지 끊임없이 바꿔야 하는 중요한 요소다. 불편한 점을 계속 개선하며 '완벽은 없지만 완벽에 가까운 효율'을 추구해야 한다. 구조와 동선은 장사 시기에 따라 보이는 문제가 다르고, 직접 겪어보지 않으면 절대 알 수 없는 부분이 많다.

나 역시 장사 3년 차가 넘어가면서 비로소 필요와 불필요가 명확히 보이기 시작했다. 2022년 첫 매장을 열 당시에는 도움을 구할 선배도, 참고할 정보도 부족했다. 오로지 스스로 부딪히며 하나씩 배우는 수밖에 없었다. 인테리어 역시 이전 커피 전문점에서 일하던 경험을 살려 직접 도면을 그려보고, 유튜브 영상을 참고한 것이 전부였다.

초보 사장들이 가장 많이 실수하는 부분이 바로 인테리어와 동선, 구조를 짜는 일인데 이는 장사를 하기 전에는 알 길이 없다. 누가 알려준다고 해도 메뉴 구성이나 사용하는 기계 설비에 따라 달라지기 때문에 '정답'이 존재하지 않는다. 결국 영업을 하면서 내 방식에 맞게 고쳐 나갈 수밖에 없다.

문제는, 한 번 매장 구조를 짜 놓으면 중간에 바꾸기가 매우 어렵다는 점이다. 가벽을 허물거나 앞바·뒷바를 철거하는 등 공사 규모가 크고, 그만큼 비용도 많이 든다. 또 중간에 매출을 포기하고 공사를 위해 하루라도 쉬는 결심조차 쉽지 않다. 그래서 인테리어와 동선만큼은 첫 설계가 정말 중요하다.

나의 첫 매장 역시 시행착오의 연속이었다. 이전에 커피 전문점에서 일한 경험을 토대로 매장 구조를 짰다. 샌드위치·샐러드에 맞는 인테리어와 동선을 알 길이 없었다. 커피 전문점의 인테리어를 떠올려 보면 대부분 'ㄴ' 혹은 'ㄱ' 형태다. 앞바에는 커피 머신, 그라인더, 디스펜서 등 커피 관련 기계가 있고, 뒷바에는 블렌더와 논커피 음료를 만드는 공간이 있다. 여기에 냉장고나 간단한 조리시설이 있는 작은 주방이 안쪽에 자리 잡는다.

샐러가든 본점도 초창기에는 이와 같은 'ㄴ' 형태로 시작했다. 지금 돌이켜보면 큰 실수였다. 일부는 구조를 바꿨지만 여전히 앞바와 뒷바를 완전히 허물지 못해 지금도 의미 없는 공간이 남아 있다. 결국 내년 6월이면 4년 차 임대차 계약이 만료될 예정이라 매장을 이전할 계획이지만, 끝내 그 구조는 철거하지 못했다. 그만큼 처음 설비한 구조를 바꾸는 건 쉬운 일이 아니다. 그렇기에 시작 단계부터 신중히 생각하고 접근하는 게 중요하다.

### 샌드위치·샐러드 동선의 이상적인 구조

샌드위치·샐러드 업종에서 'ㄴ' 구조가 불편한 가장 큰 이유는 동선이 비효율적이기 때문이다. 한 공간에서 모든 과정을 처리하지 못하고, 이리저리

왔다 갔다를 반복해야 한다.

커피 전문점의 경우, 대부분의 제조 과정이 홀 쪽에 있는 앞바나 뒷바에서 이루어지고, 완성된 음료가 바로 손님에게 나간다. 하지만 샌드위치·샐러드는 다르다. 음료가 메인이 아니기 때문에 매번 주방에서 조리를 한 뒤 홀 쪽으로 이동해 앞바를 통해 전달해야 한다. 그 과정에서 동선이 길어지고, 시간과 체력이 낭비된다.

또 하나의 문제는 '뒷바와 테이블 냉장고'의 불필요함이다. 테이블 냉장고는 커피 전문점 인테리어의 '국룰'이라 할 만큼 기본적으로 설치된다. 보통 논커피 음료를 제조할 때 필요한 재료를 넣어두는 용도다. 그러나 샌드위치·샐러드 업종은 다르다. 음료를 포함한 모든 메뉴가 주방에서 조리되기 때문에 뒷바 자체가 필요 없고, 당연히 테이블 냉장고도 불필요하다.

따라서 샌드위치·샐러드 업종에 가장 적합한 구조는 주방 안에서 모든 일을 해결할 수 있는 정사각형 혹은 직사각형 형태의 'ㅁ' 구조다. 네 면을 활용해 기능적으로 분리하는 방식이다.

1. 한쪽 면에는 픽업대와 음료 제조 시설
2. 다른 한쪽에는 싱크대와 샐러드 조리대
3. 또 다른 한쪽에는 샌드위치 제조 공간
4. 마지막 한쪽에는 냉장고와 냉동고 등 재료 보관 공간을 배치한다

이렇게 구성하면 공간 활용을 극대화할 수 있고, 이동 동선이 최소화된다. 여기에 주방 중앙에 보조 조리대를 추가하면 더욱 효율적이다. 이런 구

조라면 조리와 포장, 픽업까지 모든 과정이 주방 안에서 이루어지는 가장 이상적인 주방 구조가 완성된다.

## 샌드위치 · 샐러드 주방, 꼭 체크해야 할 사항들

샌드위치 · 샐러드 업종의 주방 인테리어에서 반드시 고려해야 할 핵심 3 요소가 있다. 바로 '싱크대, 선반, 냉장고'다. 이 세 가지만 제대로 설계해도 효율적이고 완성도 높은 주방을 만들 수 있다.

먼저, 싱크대다.

샌드위치 · 샐러드 업종은 커피 전문점과 싱크대 구조부터 다르다. 커피 전문점은 주로 설거지나 과일 세척 정도만 하기 때문에 600~900mm 사이즈의 작은 싱크대면 충분하다. 하지만 샌드위치 · 샐러드 매장은 상황이 다르다. 야채와 재료 세척이 주 업무이기 때문에 더 넓은 싱크대 공간이 필수다. 최소 1200mm(예: 1조 2/3통 좌날 또는 우날) 한 개는 기본이고, 고매출로 넘어갈 경우 1200mm짜리 2개까지도 필요하다. 싱크대를 고를 때 유의할 점은 '야채 통돌이'의 배수 호스가 오른쪽인지, 왼쪽인지 확인하는 것이다. 내가 사용하는 'VISKA 야채 통돌이' 같은 경우 호수가 오른쪽으로 뚫려있어 '좌날' 싱크대에 놓고 사용하고 있다. 참고로 좌날은 선반 부분이 왼쪽에, 우날은 오른쪽에 있는 형태를 말한다. 만약 통돌이를 싱크대 위에 올려놓지 않는다면 크게 상관없지만, 올려놓고 쓰는 게 더 편할 것이다.

**1200 1조 2/3통 좌날**
사이즈(mm) : 1200*600*800

**1200 1조 2/3통 우날**
사이즈(mm) : 1200*600*800

좌날, 우날 싱크대

두 번째는, 재고 보관용 선반이다. 대부분의 곳에서 재고를 매장 안쪽 구석이나 안 보이는 곳에 쌓아두는데, 이는 정리와 관리 모두에 비효율적이다. 재고는 한눈에 보여야 관리가 된다. 포장 용기, 일회용품 등 자주 사용하는 물건들은 항상 손이 닿는 곳에, 그 외 재료들은 한눈에 파악할 수 있는 곳에 두는 게 좋다. 본점 같은 경우, 벽 한쪽 면 전체를 가장 큰 조립 선반(1200×500×2100mm)으로 3~4개를 연결해 꽉 채워 사용하고 있다. 선반 맨 위에는 포크 · 수저 같은 일회용품 박스 한쪽을 잘라 내용물이 보이게 올려두었고, 아래 칸에는 간격을 두고 추가 선반을 설치했다. 각 칸에는 견출지로 '품목명', '현 재고 00개', '유지 재고 00개'를 적어 코팅해 두고 수성펜으로 바로 수정할 수 있게 했다. 이렇게 하면 누가 봐도 재고 상황을 즉시 파악할 수 있어 효율적인 운영이 가능하다. 따라서 인테리어를 설계할 때부터 홀 한쪽 벽면은 반드시 재고 선반용으로 활용하는 것이 좋다. 매출이 높아질수록 재고 관리에 많은 도움이 될 것이다.

마지막으로, 냉장고다.

나는 지금까지 거의 모든 종류의 냉장고를 써봤다. 45박스 냉장 냉동고, 25박스 냉장 냉동고, 테이블 냉장고, 직냉식·간냉식 토핑 냉장고, 제과 쇼케이스 냉장고, 미니 냉장고, 음료 냉장고, 음료 냉동고까지. 여러 제품을 써본 결론은 단 하나다. '간냉식 토핑 냉장고'와 '음료 냉장고', '음료 냉동고'면 충분하다는 것이다.

먼저 45박스·25박스 냉장고의 가장 큰 단점은 '내부가 보이지 않는다는 점'이다. 대부분 회색 문으로 되어 있어 문을 열어봐야만 재고를 확인할 수 있다. 반면 음료 냉장고는 투명 유리문이라 내부가 한눈에 들어온다. 샌드위치·샐러드 업종은 메뉴가 많아 재료 종류도 많은데, 눈으로 바로 확인할 수 있다는 점이 매우 중요하다.

물론 45박스·25박스 냉장고는 온도 유지가 안정적이고 고장이 적다는 장점이 있다. 하지만 재고 관리 측면에서는 효율이 떨어진다. 반대로 음료 냉장고와 냉동고는 고장이 잦고 수명이 짧은 편이다. 1년 이내에는 무상 AS가 가능하지만, 이후에는 수리비가 높아지는 단점이 있으니 구매 전에 고려가 필요하다. 다음은 직냉식과 간냉식 토핑 냉장고의 차이다. 샌드위치·샐러드 매장에서는 필수 장비로, 직냉식은 가격은 저렴해도 성에가 자주 끼어 관리가 번거롭다. 반면 간냉식은 가격이 비싸지만, 성에가 거의 끼지 않아 청소가 편하고 장기간 사용하기 좋다. 그밖에 미니 냉장고나 제과 쇼케이스 냉장고는 선택 사항이다. 공간이 부족하면 미니 냉장고 두세 대로 대체할 수 있고, 제과 쇼케이스 냉장고는 드레싱이나 신선 과일 등을 진열할 때 인테리어 효과와 홍보 효과를 동시에 얻을 수 있다.

결론적으로 효율만 놓고 본다면 '간냉식 토핑 냉장고', '음료 냉장고', '음료 냉동고' 이 세 가지만으로도 매장 운영은 충분히 가능하다. 이 세 가지를 중심으로 주방 구조를 설계하면, 공간 낭비 없이 효율적인 주방 시스템을 구축할 수 있다.

이때 반드시 함께 고려해야 할 요소가 동선이다. 동선을 짜기 위해서는 냉장고 손잡이의 위치 또한 매우 중요하다. 일반적으로 손잡이가 왼쪽에 있는 경우를 '우도어', '오른쪽에 있는 경우를 '좌도어'라고 한다. 내가 서 있는 위치를 기준으로 좌도어가 편한지, 우도어가 편한지를 먼저 판단한 뒤 구매해야 불필요한 동선 낭비를 줄일 수 있다.

냉장고 내부의 재고 관리와 보관 효율 역시 중요하다. 손에 가장 잘 닿는 위치에는 사용 빈도가 높은 식재료를 배치하고, 맨 아래 칸에는 상대적으로 사용 빈도가 낮은 재고를 두는 것이 가장 효율적이다.

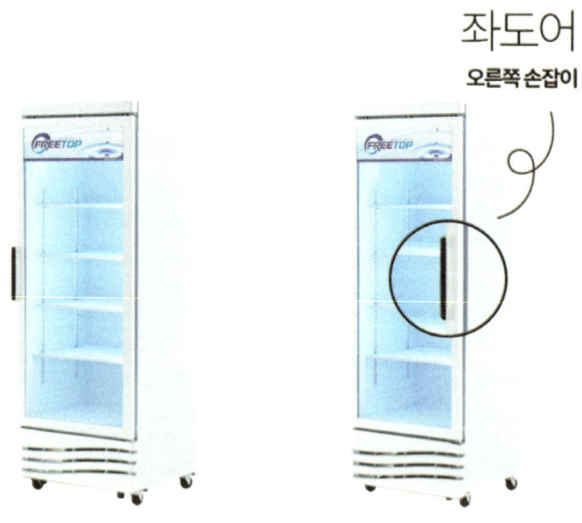

**좌도어**
**오른쪽 손잡이**

왼쪽부터 우도어 음료 냉장고, 좌도어 음료 냉장고

# 첫 단추를 잘 끼워야 한다

효율적이고 편한 시스템을 만들기 위해서는 '매장 구조·인테리어·동선'이 먼저 완성돼야 한다. 초기 설계가 기초가 되므로 도면을 직접 그려보고 선배 사장님들의 조언을 구하며 충분히 고민해야 한다. 공사가 시작되면 구조 변경이 어려우니, 사전에 제대로 준비하는 것이 중요하다.

# 08

# 짧은 시간, 최대한 많이
# 팔아야 남는 장사다

"더 열심히 일하기보다, 더 똑똑하게 일하라."

앨런 모겐슨

### 샌드위치 · 샐러드 판매 전략

샌드위치 · 샐러드 업종은 판매에도 전략이 있다. 특히 어떤 메뉴를 먼저 팔아야 하는지 '우선순위'를 아는 것이 중요하다. 이 순서를 잘 지키면 매출을 올리는 데 훨씬 유리하다.

그 순서는 다음과 같다.

포케 → 샐러드 → 도시락 → 샌드위치

이 순서는 세 가지 기준을 모두 충족한다.

1. 단가가 높은 메뉴를 우선 판매할 것
2. 조리 시간이 짧은 메뉴를 우선 판매할 것
3. 노동 강도가 낮은 메뉴를 우선 판매할 것

즉 단가 · 속도 · 편리성 세 가지를 종합한 결과가 바로 '포케 → 샐러드 → 도시락 → 샌드위치' 순서다. 메뉴의 가격만 봐도 확연히 차이가 난다. 샐러드의 평균 가격은 14,000원대로 형성되어 있는 반면, 샌드위치는 그 절반인 7,000원대인 경우가 많다. 포케는 밥이 들어가기 때문에 샐러드보다 보통 1,000원 더 비싸다.

조리 시간도 중요하다. 샌드위치 하나를 포장하려면 숙련된 사장이라도 최소 '3분'은 걸린다. 메뉴에 따라 다르긴 하지만 샐러드는 빠르면 20~30초면 완성된다. 닭가슴살 샐러드, 리코타치즈 샐러드, 연어 샐러드 등이 대표적이다. 단순 계산만 해도 같은 '3분' 동안 샌드위치는 최대 1개를 만들 수 있는 반면에 샐러드는 '180초(3분)' 동안 최대 6개까지도 만들 수 있다. 이를 비용으로 환산하면 샌드위치는 최대 7,000원의 매출을 올릴 수 있는 것이고, 샐러드는 최대 84,000원까지 무려 12배 차이만큼의 매출을 더 발생시킬 수 있다. 단순 계산이지만 핵심은 '조리 시간이 짧으면서 판매가가 높은 메뉴를 팔수록 매출에 유리하다는 의미다.

노동 강도 역시 다르다. 샐러드를 파는 것보다 샌드위치 파는 게 육체적으로 더 힘들다. 같은 50만 원의 매출을 하더라도 샌드위치만 주로 판매한 날은 샐러드만 판매한 날보다 퇴근 후 몸 상태도 더 피로하다. 좁은 토핑 냉장고 앞에 하루 종일 서서 일하기 때문에 허리도 아프고 등이나 어깨도 굳는다. 결국 노동 강도 측면에서도 샐러드가 샌드위치보다 훨씬 유리하다. 이런 이유로 나는 항상 사장님들에게 '포케 → 샐러드 → 도시락 → 샌드위치' 순서대로 판매하라고 조언한다. 신메뉴 개발이나 에너지를 쏟는 일 역시 이 순서를 따르는 것이 더 효과적이다.

실제 샐러가든 본점은 오픈 초창기에 세팅했던 샌드위치 8종을 지금까지도 유지하고 있다. 샌드위치만 판매하는 '샌드위치 전문점'이 아닌 '샌드위치·샐러드 전문점'이기에 굳이 샌드위치에 힘을 쏟지 않고 있다. '햄에그, 치즈에그, 햄치즈, 클럽, 통새우, 떡갈비, 케이준, 단호박 샌드위치' 구성으로 가장 대중적인 샌드위치로만 8종을 판매하고 있다. 레시피가 없어서가 아니라, 굳이 더 늘릴 필요가 없기 때문이다. 참치마요나 와사비크래미, 데리야끼치킨 샌드위치도 고민해 봤지만, 수요·재료 관리·노동 강도 면에서 장점보다 단점이 많아 접었다. 대신 단가가 높고, 조리가 간편하며, 힘도 덜 드는 샐러드·포케·도시락·볶음밥·메밀면 같은 메뉴에 더 집중했다. 샐러드 메뉴만 해도 참치, 장어, 닭갈비, 제육 등 도전하지 않은 토핑이 없을 정도로 추가하고 빼기를 반복했다. 그렇게 남은 건 가장 쉽고, 가장 빠르고, 부담 없는 메뉴들뿐이다. 지금 남아 있는 메뉴들은 마치 '어벤저스'처럼 최고의 메뉴 조합만 남겨두었다. 여전히 100여 가지의 메뉴가 남아 있지만, 이것도 최대한 간소화한 결과다. '메뉴가 많으면 관리가 힘들지 않느냐.'라는 질문도 자주 듣는데, 사실 그 안에는 특별한 비밀이 숨어 있다.

## 샌드위치·샐러드 업종의 메뉴 구성 비밀

그 비밀은 바로 '가지치기'다. 내가 말하는 가지치기란, 재료 하나를 가지고 얼마나 많은 메뉴로 확장할 수 있는지 고민하는 과정이다. 현재 샐러가 든 본점은 총 120개의 메뉴로 구성돼 있다. 그중 가지치기를 가장 많이 한 재료는 '닭가슴살'이다.

1. 닭가슴살 샐러드

2. 닭가슴살 포케

3. 닭가슴살 오운완도시락

4. 닭가슴살 치팅도시락

5. 맛보기 리뷰 닭가슴살

6. 데리야끼닭가슴살 샌드위치(시즌메뉴)

메뉴 구성 시 '가지치기' 예시

　무려 6가지 메뉴가 닭가슴살 하나로 완성됐다. 이런 방식이라면 메인 재료 16개만 있어도 100개의 메뉴는 더 만들 수 있다. 이렇듯 메인 재료에서 그룹별로 '가지치기'를 하는 것이다. 실제 샐러가든 본점 역시 '떡갈비 메뉴 5개', '케이준치킨 메뉴 5개', '두부 메뉴 4개', '생연어 메뉴 4개', '파스타 메뉴 4개', '부채살 메뉴 4개', '볶음밥 메뉴 4개', '육회 메뉴 4개' 등 대부분의 메인 재료가 최소 4~5개 메뉴로 구성되어 있다. 이렇게 하면 재료 관리도 수월하고, 메뉴는 더 다양해지고, 로스율까지 줄일 수 있다. 여러분도 샌드위치·샐러드 메뉴의 이런 특징을 알고 접근하면 더 쉽게 매장을 운영할 수 있다.

샌드위치·샐러드 업종에서 다양한 재료 중 가장 핵심이 되는 재료는 단연 '양상추'다. 양상추 역시 '가지치기'를 잘해야 로스 없이 야채 회전율을 높일 수 있다. 가끔 사장님 중에 "샌드위치만 판매하려는데요, 괜찮을까요?"라고 질문하는 분들이 있다. 나는 그들에게 샐러드나 포케를 꼭 함께 판매하라고 권유한다. 이유는 역시 '가지치기'다. 겉잎은 샌드위치에, 속잎은 샐러드에, 중간 잎은 상황에 따라 양쪽에 활용할 수 있다. 만약 샌드위치만 판다면 속잎은 남고, 샐러드만 판다면 겉잎이 남는다. 이 때문에 양상추를 쓰는 매장은 반드시 '샌드위치·샐러드·포케·도시락·메밀면' 등 최소 5개 이상의 메뉴에서 양상추를 활용해야 한다. 결국 재료 관리 측면만 봐도 샌드위치 전문점이 아닌 샌드위치·샐러드 전문 매장을 할 수밖에 없는 이유다.

물론 예외도 있다. 만약 양상추를 안 쓰고 로메인, 치커리, 케일, 적근대, 라디치오, 프릴아이스 등 '샐러드 믹스'만 사용한다면 당연히 샐러드 전문점도 가능하다. 하지만 단체 주문이나 겨울철 대비 등 장기적으로 볼 때 '샌드위치 전문점' 혹은 '샐러드 전문점'은 '샌드위치·샐러드 전문점'을 이기긴 힘들 것이다.

# 메뉴 구성도 전략적으로!

샌드위치 · 샐러드 업종은 재료가 많고 관리가 까다로워, 공통 재료를 활용한 '전략적 가지치기' 메뉴 구성이 필수다. 무작정 메뉴를 늘리는 것이 아니라, 짧은 시간에 높은 단가 메뉴를 많이 팔 수 있도록 구성해야 고매출이 가능하다.

# 다짐하기

## 성공하는 사장이 갖춰야 할 7가지 마인드셋

#앱테리어  #배달앱세팅  #광고·쿠폰·할인

#최소주문금액  #고매출  #경쟁자  #의지  #환경

# 샌코치의 핵심 미리 보기

본격적인 샌드위치·샐러드 배달장사에 대해 배워보고, 구체적인 배달앱 활용 방법에 대해 알아본다. 몸으로 부딪쳐가며 배운 샌코치의 배달앱 세팅 가이드를 모두 제시하고 실천할 수 있도록 구체적인 예시를 담았다.

1    내 가게는 주문하고 싶은 가게인 동시에 주문할 수 있는 가게인가?

2    샌드위치·샐러드는 당신이 생각하는 것과 많은 부분에서 다르다.

3    주문 진입 장벽을 낮춰야 그다음 단계도 있는 것이다.

4    높은 매출에서 높은 순이익이 나올 수 있다. 우선은 매출이다.

5    의지로 극복할 수 없는 문제라면, 환경과 시스템으로 극복한다.

# 01

## 원인 파악:
## 당신의 배달장사가 어려운 이유

"전략 없는 열정은 혼돈일 뿐이다."
앨빈 토플러

### 배달 플랫폼, 어떤 가게를 좋아할까

배달의민족이나 쿠팡이츠 같은 배달 플랫폼이 좋아하는 가게는 어떤 곳일까? 잠시 생각해 보자. 이 질문에 대한 답이 바로 '배달장사의 시작'이다. 우선 배달 플랫폼의 역할을 정확히 이해해야 한다. 배달 플랫폼은 우리가 끌려다녀야 할 대상이 아니라, 활용해야 하는 '도구'다. 그래야만 배달장사에서 승리할 수 있다. 반대로 배달 플랫폼은 우리를 어떤 존재로 볼까? 아마도 '돈 벌어다 주는 도구' 정도로 같은 생각을 하지 않을까 싶다. 이러한 이유로 플랫폼이 가장 좋아하는 가게는 아주 단순하다. 수수료를 많이 벌어다 주는 가게, 즉 돈을 많이 벌어다 주는 가게다. 주문이 많은 만큼 수수료도 많이 내고, 광고도 적극적으로 사용하는 가게를 좋아한다. 이러한 가게들은 배달앱 첫 화면 최상단에 지속적으로 노출시켜 더 많은 주문을 받도록 세팅한다. 반대로 주문이 적어 수수료를 많이 못 벌어다 주는 가게는 카테고리 최하단으로 밀려나거나 눈에 잘 띄지 않은 곳으로 보낸다. 이렇듯 배달 플랫폼에서도 잘 되는 가게는 계속 잘 되고, 안 되는 가게는 계속 안 되는 '부익부–빈익빈 현상'이 두드러진다.

배달 플랫폼이 버는 돈은 '주문수'에 비례한다. 주문 한 건당 수수료는 약 6.8~7.8%로 주문이 많을수록 비례해 플랫폼의 수익도 커진다. 여기에 '울트라콜(깃발)_현시점 종료', '우리가게클릭', '한그릇 배달', '% 광고' 등 다양한 광고 상품으로 상점 간 상위 노출 경쟁을 과열시켜 그 과정에서 또 추가 비용을 챙겨간다.

결국 플랫폼이 가장 환영할 수밖에 없는 가게는 '광고비'와 '수수료'를 모두 많이 내는 곳이다. 반대로 싫어하는 가게는 어떤 곳일까? 플랫폼에서 설계해 놓은 주문 흐름을 깨는 가게들이다. 쉽게 말해 돈을 막는 가게다. 예를 들어, 갑자기 영업 중지를 한다거나 영업시간을 짧게 가져가면서 잦은 휴무를 갖고, 주문 취소가 빈번한 매장들이 대표적이다. 플랫폼이 예상한 수익을 방해하는 곳을 좋아할 리 없다.

배달 플랫폼을 비난하려는 게 아니다. 사실을 알아야 우리 역시도 플랫폼을 '돈 벌어다 주는 도구'로서 잘 활용할 수 있기 때문이다.

## 배달 플랫폼이 우리에게 주는 혜택들

배달 플랫폼이 탄생하면서 그간 해 왔던 역할이 결코 작은 것도 아니었다. 배달 플랫폼이 없던 시절은 전단지를 직접 돌리거나 아파트 우편함에 전단지북을 넣어두면, 고객이 그것을 보고 직접 주문하던 시대였다. 배달의민족과 쿠팡 같은 배달앱의 첫 탄생 역시 이러한 아이디어를 실현했기에 나온 것이었다. 덕분에 예전에는 상상도 못 했던 메뉴인 '카페 음료', '파스타',

'타코야끼', '샌드위치', '샐러드' 등의 음식을 집에서도 배달로 즐길 수 있게 되었다. 배달 플랫폼의 인프라와 네트워크가 만들어 낸 큰 변화다. 플랫폼이 거듭 발전하면서 명과 암이 분명 존재하게 됐지만, 새로운 시장을 열고 편의를 제공한 공로만큼은 인정해야 한다. 앞으로도 플랫폼이 더욱 노력하여 독식이 아닌 상생의 길로 나아갔으면 하는 바람이다.

최근 배달 시장은 높은 폐업률로 사상 최대 위기라는 말이 자주 나온다. 항상 위기는 있었지만, 이번만큼은 분위기가 다르다. 과도한 수수료와 치열한 광고 경쟁으로 '장사를 해도 남는 게 없다.'라는 사장님들의 불만이 점점 커지고 있다. 플랫폼 수수료는 가게와 소비자를 연결해 주는 중개 이용료 개념이기 때문에 일정 부분 올라도 이해할 수 있다. 하지만, 과열된 상위 노출 경쟁을 부추기며 중간에서 이익을 과도하게 챙기려는 플랫폼의 광고 구조는 분명한 개선이 필요해 보인다.

한편, 이러한 문제도 다른 시각에서는 설득력 있게 느껴질 수도 있다. 배달 플랫폼의 수수료와 광고료는 홀 장사의 임대료와 비슷하다. 오프라인 매장은 입지가 좋을수록 임대료가 높다. 이렇듯 플랫폼 역시 광고비를 통해 첫 화면 최상단인 가장 좋은 자리에 노출시켜 주고, 높은 임대료를 받는 것이다. 더 높은 금액을 낼수록 더 좋은 자리에서 더 많은 노출을 통해 영업할 수 있다는 점이 홀 매장의 임대료와 비슷하다. 결국 자본주의 시장 경제 체제 속에서 너무 지나친 경쟁과 독점은 문제지만, 어느 정도는 이런 경쟁 구조를 인정하고 이해할 필요는 있어 보인다. 세상에 공짜는 없기 때문이다. 배달 플랫폼을 잘 이해하고 전략적으로 활용하는 것, 그것이 배달장사에서 살아남는 첫걸음이다.

## 당신의 배달장사가 어려운 이유, '밑 빠진 독에 물 붓기'

배달장사가 어려운 이유는 크게 두 가지다.

1. 배달앱에서 내 매장을 '주문하고 싶지 않게' 만들어 놓은 경우
2. 배달앱에서 내 매장을 '주문할 수 없게' 만들어 놓은 경우

나는 오프라인 강의를 시작할 때마다 사장님들께 구멍이 여러 개 뚫린 물이 줄줄 흐르는 항아리 사진을 보여준다. 그리고 이렇게 말한다.

좌. 못 하는 가게, 우. 잘 하는 가게

"이 항아리는 사장님의 가게를 상징합니다. 구멍이 숭숭 뚫려 있는데, 여기에 아무리 많은 물을 부으면 담기겠습니까? 여기서 물은 사장님의 땀과 노력, 그리고 돈을 의미합니다. 구멍이 난 항아리에는 물이 절대 채워지지 않습니다. 배달장사도 마찬가지입니다. '밑 빠진 독을 수리해 나가는 과정'

이 바로 배달장사입니다. 구멍을 먼저 메운 뒤 땀과 노력, 돈을 부어야만 가게가 성장할 수 있습니다."

그렇다면 우리 가게의 '구멍'은 무엇일까?

1. 내가 찍은 음식 사진
2. 지나치게 높은 음식 가격
3. 가격 대비 적은 양과 구성
4. 복잡하고 산만한 배달앱 인테리어
5. 1원도 쓰지 않는 광고·쿠폰·할인 비용
6. 무료 배달이 아닌 유료 배달비
7. 지나치게 높은 최소 주문 금액
8. 리뷰이벤트가 없고, 방치된 리뷰 관리
9. 낮은 별점과 주문수, 불성실한 영업

이러한 요소가 구멍에 해당된다. 이 요소들을 하나씩 올바른 방향으로 수정해 가야 '주문하고 싶은 매장', '주문할 수 있는 매장'을 만들 수 있는 것이다. 이렇듯 구멍을 모두 메꾼 항아리를 만든 뒤 노력과 자본을 투입해야 진짜 성장이 일어난다.

## 구멍 난 항아리, 수리하는 9가지 노하우

### 1. 음식 사진은 '아이돌 메이크업'처럼!

음식 사진은 절대 직접 찍은 것을 올리면 안 된다. 내가 찍은 사진은 말 그대로 '생얼 사진'을 의미한다. '배달앱은 곧 사장님'이라고 강조했다. 배달 앱에 내 생얼을 그대로 노출하고 싶은가? 음식 사진은 곧 매장의 첫인상이다. 반드시 전문가의 손을 빌려 가장 예쁘고, 가장 멋있게 '풀 메이크업'을 하고 자신 있게 올려야 한다. 사진보다 더 중요한 건 '사진 간격'과 '통일성'이다. 같은 크기와 같은 여백으로 통일성 있게 간격을 맞추면 배달앱 이미지가 훨씬 깔끔해진다.

이미지 편집 화면. 상하좌우 간격을 똑같이 맞춘다

### 2. 메뉴 가격은 성장 단계에 맞춰 전략적으로!

가격 책정은 원가를 기준으로 하되, 가게의 성장 시기에 따라 판매가를 설정하는 게 좋다. 본점 같은 경우 3년 차에야 안정기에 접어들었기 때문에 원가율을 20% 중반~30% 초반대로 잡고 있다. 하지만 성장기의 가게라면 원가율을 40% 가까이 잡더라도 낮은 판매가를 설정해 초반 성장에 집중하는 것이 좋다. 이후 매장이 자리 잡으면 조금씩 가격을 인상하며 수익 구조를 맞춰 가면 된다. 배달장사는 어쩔 수 없다. 하나를 얻기 위해선 하나를 포기해야 한다. 초반에는 마진을 포기하더라도 반드시 성장을 선택해야 한다.

### 3. 음식의 양은 푸짐하게!

배달장사는 맛보다는 '양'이 우선이다. 재주문율이 높은 가게를 보면 공통적으로 양이 정말 푸짐하다. 최소 1인분이더라도 1.5인분처럼 보이도록 세팅하는 것이 손님을 끌어들이는 핵심이다.

### 4. 배달앱 세팅 및 인테리어는 깔끔하게!

'배달앱 세팅'이란 광고, 쿠폰, 할인, 무료 배달, 최소 주문 금액, 리뷰이벤트, 리뷰 관리, 별점과 주문수 등을 '주문을 할 수밖에 없도록 만드는 것'을 말한다. '배달앱 인테리어'란 다른 말로 '앱테리어'라고 불리며 배달앱 내 매장의 이미지를 말한다. 음식 사진은 통일된 배경색과 일정한 간격으로 정렬하는 게 깔끔해 보이며, 메뉴명과 설명글도 길이를 맞춰 가독성을 높이는 게 좋다. 앱 첫 화면 가장 위에 있는 대표 사진은 '단독컷'보다는 가게의 모든 메뉴가 함께 담긴 '단체컷'이 더 효과적이다. 결국 손님이 매장을 클릭했을 때 '정리된 느낌'을 주는 것이 중요하다.

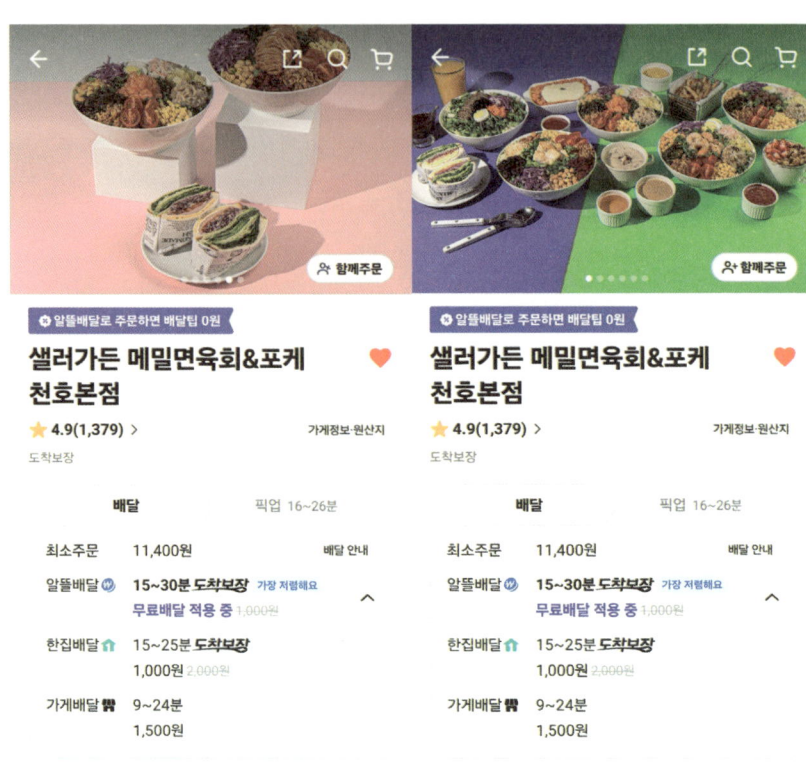

배달의민족 단체 모음컷

### 5. 광고, 쿠폰, 할인은 선택이 아닌 필수!

배달 플랫폼은 자신들이 만든 광고 상품을 적극 활용하는 가게들을 예뻐한다. 광고, 쿠폰, 할인 상품을 만들어 놓은 건 손님을 위해서도, 매장을 위해서도 아니다. 손님에게 혜택을 주는 것처럼 보이지만, 사실은 주문 진입 장벽을 낮춰 주문수를 끌어올려 플랫폼의 이익을 높이려는 목적이 숨어 있다. 이제는 '하느냐, 안 하느냐'가 아니라 '얼마나 더 큰 금액으로 하느냐'가 경쟁이 되어 버렸다. 끊임없이 분석하여 내 상권, 내 가게에 맞는 광고, 쿠폰, 할인 설정값을 찾는 게 핵심이다.

### 6. 무료 배달 및 즉시 할인!

예전에는 배달비가 주문수를 결정짓는 핵심 전략이었다. 하지만 지금은 시장 전체가 '무료 배달화' 되면서 차별화가 힘들어졌다. 대신 '즉시 할인'을 통해 전체 메뉴에 할인을 넣어 차별화 효과를 낼 수 있다. 성장을 위해서는 경쟁 가게보다 단돈 500원이라도 더 즉시 할인을 해야 차이를 만들어 낼 수 있다.

### 7. 최소 주문 금액은 낮게!

최소 주문 금액은 손님 입장에서 첫 번째 장벽이다. 간혹 남는 게 없다는 이유로 지나치게 높은 금액을 설정하면 주문 자체가 막힌다. 한때는 '최주 금따(최소 주문 금액 다운)'라는 전략으로 3천 원까지 낮추던 시절도 있었다. 당시에는 구간별 배달비 설정이 가능했기에 손해를 방어할 수 있었지만, 지금은 그 기능이 사라졌다. 따라서 업종에 맞게 너무 높지도, 너무 낮지도 않게 균형 있는 최소 주문 금액 설정이 중요해졌다.

### 8. 리뷰이벤트는 필수, 리뷰 관리는 철저히!

리뷰는 곧 가게의 보증 수표다. 대부분의 손님은 주문 전 최소 1~2개의 리뷰를 꼭 확인한다. 따라서 정성스러운 리뷰를 받을 수 있도록 수단과 방법을 가려선 안 된다. 단순히 리뷰 스티커를 부착하는 것보다 센스 있는 짧은 편지나 이미지 카드 뉴스를 동봉하면 훨씬 효과적이다. 반대로 혹평이 달린 리뷰는 주문 전환율에 치명적이다. 이런 경우 상담사에게 블라인드 처리를 요청하거나, 리뷰 노출 방식을 '최신순'에서 '추천순'으로 바꿔 가장 좋은 리뷰를 최상단에 배치하여 대응하는 방법도 있다.

리뷰 순서 바꾸는 방법

## 9. 별점, 주문수, 그리고 '성실 영업'

플랫폼에는 분명 노출 알고리즘이 있다. 그중 '성실 영업 지표'는 가장 중요한 요소다. 영업 중단이나 잦은 휴무는 지표를 떨어뜨려 노출 순위에 불리하게 작용한다. 결국 꾸준히 성실하게 영업하는 것이 상위 노출과 주문 확보의 기본 중 기본이다.

## 내 매장부터 점검하라

배달장사는 이 구멍들을 잘 수리해서 물이 새지 않는 튼튼한 항아리로 만드는 과정이다. 가장 심각한 문제는 이런 구멍들이 있는지도 모르는 채 그저 열심히만 하는 매장이다. 똑같이 열심히 해도 누구는 성과가 나오고, 누구는 성과가 나오지 않는다. 후자가 되어서는 안 된다.

# 02

## 현실 직시:
## 샌드위치·샐러드에 대한 흔한 착각

"가장 위험한 것은 무지가 아니라, 이미 알고 있다고 믿는 것이다."

조지 버나드 쇼

### 샌드위치·샐러드에 대한 선입견, 빨리 깰수록 좋다

샌드위치·샐러드 업종에는 타업종과는 다른, 분명한 특징들이 있다. 실제로 매장을 시작하거나 창업을 준비하는 사장님들에게 자주 듣는 질문들을 모아보면, 공통적으로 잘못된 선입견을 가지고 있는 경우가 많았다. 이러한 특징을 미리 알고 시작하는 것과 모르고 시작하는 것은 결과적으로 큰 차이를 만든다. 이번 기회에 제대로 알고 잘 준비해서 매장 운영에 많은 도움이 되었으면 한다.

### 1. 샌드위치·샐러드 창업 쉽지 않나요?

가장 흔한 오해는 이 업종을 카페처럼 생각하는 것이다.

겉보기엔 깔끔하고 조용하며, 쉽게 운영할 수 있을 것 같지만 현실은 다르다. 샌드위치·샐러드를 시작하는 순간 카페가 아닌 음식점 사장님이 된다. 해야 할 일이 많고, 신선한 재료를 다뤄야 하기 때문에 노동 강도가 높다. 실제로 이 업종은 5년 내 10명 중 8~9명이 폐업하는 업종이다.

'쉬워 보인다'라는 생각은 대부분 장사가 안 되는 매장을 본 결과일 확률이 높다. 배달앱에서 맛집 랭킹 1~3위 매장만 직접 방문해 봐도, 선입견이 단번에 깨질 것이다.

## 2. 배달 꼭 해야 하나요?

샌드위치 · 샐러드 업종을 홀만 운영하는 사장님들도 많지만, 그들에겐 항상 고민거리가 하나 있다. 바로 '매출'이다. 홀 영업만으로는 매출을 올리기 어렵기 때문에 대부분 한계를 느낀다. 직원과 알바를 두었지만 손님이 없어 매장에 앉아 있거나 할 일도 없이 가만히 시간을 보내는 상황이 자주 벌어진다. 직원과 알바가 휴식 시간이 아닌데도 앉아서 쉬고 있다면, 그것은 이미 '위험한 신호'인 것이다. 주문이 돌지 않으니 재료를 준비할 일도 없고, 재료가 순환되지 않으니 로스율은 높아진다. 그렇게 되면 직원들은 더 놀게 되고, 매출은 낮은데 인건비는 고정으로 나가는 악순환이 반복된다. 이런 상황을 막기 위해서라도 배달은 선택이 아니라 필수다.

가게는 항상 '바쁘게 돌아가야' 한다. 재료는 빠르게 순환되어야 하고, 주문이 돌아야 가게가 산다. 샌드위치 · 샐러드 업종은 본질적으로 홀보다 배달 주문이 많을 수밖에 없는 구조여서 홀 장사만으로는 운영하기 어렵다는 사실을 빠르게 인정해야 한다.

'배달은 남는 게 없다.'라고 말하지만, 사실 남는 게 없는 게 아니다. 정확히 말하면 '고생한 만큼 남는 게 적은 것'이다. 하지만 그 '적은 이익'이라도 꾸준히 만들어 내는 것이 중요하다. 주문을 돌리고, 빠진 재료를 채워 넣고, 다시 주문을 받고, 재료를 준비하고…. 이런 순환이 끊임없이 이어질 때 직원과 알바의 인건비도 효율적으로 쓰이고, 가게도 건강하게 돌아가는 것이다. 결국 배달하는 대부분의 업종이 박리다매 구조라고 생각하면 쉽다. 작은 이익을 가지고 많이 팔아서 수익을 남겨야 한다. 이 구조를 인정하고 받아들여야 한다. 결국 매출을 위해서, 살아남기 위해서, 배달은 필수다.

### 3. 샌드위치 · 샐러드는 식단 하는 사람이나 다이어터만 먹지 않나요?

그렇지 않다. 실제 영업을 해보면 이 선입견이 얼마나 큰 오해인지 알게 된다. 물론 주요 고객층이 20~30대 여성인 건 사실이다. 하지만 남녀노소 불문하고 누구나 찾는 업종이 바로 샌드위치 · 샐러드다. 특히 연령이 높으신 고객분들도 단체 주문으로 정말 많이 찾는다. 야유회나 동호회, 여행 일정이 있는 날에는 아침 일찍부터 단체 주문이 들어온다.

배달 주문 데이터를 보면, '다이어트 목적'보다는 '밥 먹기 싫어서', '가볍게 먹고 싶어서' 주문하는 고객이 훨씬 많다. 즉, 식단 전용 음식이 아니라 '하루 한 끼의 대체식'으로 자리 잡은 업종이 샌드위치 · 샐러드다.

### 4. 샌드위치 · 샐러드 업종은 여름만 되면 떼돈을 버나요?

여름은 '빛 좋은 개살구'의 계절이다. 5월부터 자연스럽게 매출이 오르지만, 그만큼 비용과 리스크도 함께 커진다. 양상추 · 로메인 등 채소 가격이 2~3배 오르고, 상태가 안 좋은 재료들로 인한 로스율도 급상승한다. 기온이 높아지면 식재료 관리 부담도 커지고, 식중독 위험과 전기세 · 수도세 등 고정비도 늘어난다. 결국 매출은 오르지만, 순이익은 오히려 줄어드는 시기다. 겉으로는 화려해 보여도, 안에서는 모두가 고생하는 계절이 바로 여름이다.

## 5. 모든 메뉴와 소스, 드레싱을 수제로 하려고 해요. 역시 수제가 최고죠?

'수제'라는 단어는 분명 힘이 있다. 하지만 수제만 고집하는 건 위험하다. 가장 경쟁력 있는 2~3가지만 수제로 가져가고, 나머지는 기성 제품을 적극적으로 활용하는 게 좋다. 요즘 시판 소스의 품질도 매우 높고, 맛도 정말 좋다. 홀 매장이 갖는 '수제'라는 단어의 힘만큼 배달 업종에서는 영향력이 그리 크지 않다.

매출이 오를수록 수제는 오히려 성장을 방해하는 요소가 될 수 있다. 사장의 신념으로 수제만을 고집한다면 매출이 오를수록 '수제 재료'를 만들어 낼 사람이 점점 떠나게 될 것이다.

## 6. 매장 가격과 배달 가격, 같아야 하나요?

당연히 달라야 한다. 배달의민족에서는 매장 가격과 배달 가격이 같은 매장에 '매장과 같은 가격'이라는 문구의 배지를 달아준다. 마치 '매장과 같은 가격'이라는 배지를 받은 가게는 '양심적인 가게'로, 그렇지 못한 가게는 '비양심적인 가게'로 인식될 우려도 있다. 단순 비교만 해봐도 매장에서는 원가 외에 카드 수수료 정도만 부담하면 되지만, 배달은 중개 수수료, 포장비, 배달비, 결제 수수료가 모두 추가된다. 그럼에도 가격을 같게 유지하라는 건 현실적으로 불가능한 일이다. 당연히 배달 가격은 매장 가격보다 높아야 한다.

## 7. 새벽 시간에도 주문이 있어요? 늦은 저녁이나 밤에도요? 주말 아침에도 있다고요?

"꼭두새벽부터는 주문이 없겠죠?", "주말 아침엔 손님들이 다 자고 있을 거 같은데요, 그렇죠?" 이런 질문들은 결국 사장님의 의지 문제일 가능성이 크다. 자는 건 손님이 아니라 사장님이기 때문이다.

보통 '영업시간'에 대한 선입견을 조금만 깊이 들여다보면 그 기저에는 사장님의 속마음이 고스란히 드러난다. "새벽 시간에도 주문이 있어요?"라는 말은 사실 '새벽부터 일어나기 힘들어요.'라는 뜻에 가까운 경우가 많고, "늦은 저녁이나 밤에도 주문이 있어요?"는 '늦은 저녁 시간만큼은 제 시간을 갖고 싶어요.'가 솔직한 마음이며, "주말 아침에도 주문이 있다고요?" 역시 '주말 아침만큼은 늦잠을 자고 싶어요.'라는 속마음이 깔려 있는 것이다. 사장이라면 아침 새벽, 늦은 저녁, 밤, 야간, 주말 아침 모든 시간대를 스스로 테스트해 봐야 한다. 모든 '분 단위', '초 단위'마다 모두 다른 고객이 숨어 있다는 사실을 알아야 한다. 이들을 한 명, 한 명 모아간다는 생각을 해야만 그때 성장이 일어날 수 있다. 시간을 바꿨다면 최소 3~6개월은 꾸준히 해야 한다. 1~2주만 해보고 효과 없다고 포기한다면, 그건 시도조차 하지 않은 것과 같다.

### 8. 감성적인 샌드위치 · 샐러드 카페로 승부를 보고 싶어요!

분위기 좋은 성수동 · 연희동 · 익선동 카페처럼 하고 싶다는 분들이 많다. 이런 곳은 공통점이 하나 있다. 바로 배달 없이 홀 매장만 유지한다는 점이다. **결국 '감성'과 '배달'은 절대 공존할 수 없다.** 핫플레이스까지 방문한 손님이 홀에서 대화하고 있는데 '배달의민족 주문~', '쿠팡이츠 주문~' 알람이 울려대고, 배달 기사들이 헬멧을 쓰고 오가면 그 순간 감성과 분위기는 사라진다. 가장 주의할 건 배달로 인해 홀 손님을 놓치는 경우다. 배달 매출이 높아졌다는 이유로 홀 손님에게 소홀하거나 무심해지기 시작하면 그 가게는 절대 다시 찾고 싶지 않은 가게가 되는 것이다.

샐러가든 본점 역시 처음엔 하나부터 열까지 초록초록한 인테리어로 꾸몄지만, 지금은 직원 식사용 테이블 1개만 남았다. 핫플레이스에서 장사할 게 아니라면 처음부터 인테리어에 과한 비용을 쓰기보다 '실용적이고 효율적인 설계'가 유리하다. 결국 배달을 통해 매출이 오를수록 '감성'과 '분위기'는 점점 사라지고 그 자리를 냉장고와 재고 선반이 대신하게 될 것이다.

### 9. 7~8평의 작은 평수로 저렴하게 창업해도 되나요?

가능은 하지만, 매출의 한계가 명확하다. 샌드위치·샐러드 업종은 공간이 곧 매출의 그릇이다. 높은 매출을 꿈꾼다면 최소 10평 이상은 확보해야 한다. 작은 평수로도 운영은 가능하지만, 큰 매출을 기대하기는 어렵다.

2호점을 8평 규모로 운영하면서 느낀 건, 좁은 공간일수록 효율이 높지만 지나치게 좁다면 조리 시 불편이 생긴다는 점이었다. 효율도 중요하지만, 또 적정한 작업 거리도 필요하다. 이런 점을 잘 고려해서 매장 평수를 결정하는 게 바람직하다.

### 10. 화구나 덕트를 꼭 설치해야 하나요?

필수는 아니다. 본점, 2호점 모두 화구나 덕트 없이 인덕션·에어프라이어·그릴로 운영했다. 냄새가 많이 나는 튀김기 사용은 제외했다. 환기는 주로 창문 아래 샐러드 조리대를 설치하여 빠지게 했다. 환기 때문이라도 덕트 설치가 필요할 수는 있지만, 덕트 없이도 큰 불편함 없이 운영이 가능하다. 핵심은 메뉴 구성 단계에서부터 냄새가 적은 재료를 선택하고, 냄새 나는 조리는 최대한 그릴이나 에어프라이어로 활용하는 것이 효과적이다.

# 선입견은 내가 만든 벽이다

선입견은 해보지 않은 두려움이 만든 허상일 뿐이며, 이를 깨야 비로소 성장의 길이 열린다. 특히 샌드위치 · 샐러드 업종은 직접 시도해 보면 생각과 다른 점이 많다. 선입견 10가지를 정확히 이해하고 올바르게 접근하는 것이 가장 빠른 성장의 지름길이다.

# 03

## 문제 인식:
## 작은 금액이 큰 금액을 만든다

"위대한 일은 작은 일들의 연속으로 이루어진다."

빈센트 반 고흐

### 첫 번째 주문 진입 장벽, '최소 주문 금액'과 '배달비'

배달앱에서 고객이 주문을 고민할 때 가장 먼저 마주하는 장벽은 바로 '최소 주문 금액'과 '배달비'다. 지금은 이미 '무료 배달 시대'가 되어 배달비가 큰 의미를 잃었지만, 과거에는 주문을 좌우하는 핵심 요소였다. 평균 2,500~3,000원의 배달비가 일반적이었던 시절, '낮은 배달비'나 '무료 배달'을 설정하는 것은 주문수를 끌어올리는 가장 확실한 전략이었다.

그러나 이제는 플랫폼 자체에서 무료 배달을 지원하면서, 배달비를 전략적으로 활용하기 어려워졌다. '최소 주문 금액'만이 주문을 결정짓는 유일한 1차 주문 진입 장벽이 되었다. 즉시 할인이나 쿠폰 혜택도 중요한 역할을 하지만, 이는 '최소 주문 금액'을 통과한 이후에 작동하는 2차적 요인이다. 예를 하나 들어보면, 한 카페가 '최소 주문 금액 25,000원, 즉시 할인 5,000원'으로 설정했다고 가정하자. 얼핏 보면 할인 폭이 커서 매력적으로 보이지만, 실제 주문은 많지 않을 것이다. 이유는 단순하다. 카페 메뉴의 단가가 낮기 때문이다. 커피와 디저트만으로 25,000원을 채우기는 쉽지 않다. 이처럼 할인 폭이 크더라도 최소 주문 금액이 지나치게 높으면 고객은 주문을 포기한다. 반대로 '최소 주문 금액 11,900원, 즉시 할인 0원'이라면 어떨까? 당연히 이전보다는 훨씬 많은 주문이 들어올 것이다. 할인은 없어도 '주문 자체'가 가능해지기 때문이다. 이렇듯 고객의 구매를 결정짓는 최초 결정권은 '최소 주문 금액'에 우선적으로 있다. 결과적으로 보면 '주문수'는 '최소 주문 금액'과 반비례한다. 조금 손해 보더라도 최소 주문 금액을 낮게 설정하여 이익률보다 '주문 진입'을 우선시하는 전략이 장기적으로 더 큰 매출을 만들 수 있다.

## 작은 주문이 큰 주문을 만든다

배달장사의 핵심은 객단가를 높이는 일이다. 메뉴 구성을 다양하게 하고 조합을 늘릴수록 한 주문이 부담해야 하는 배달비 비율은 낮아진다. 예를 들어, 최소 주문 금액에 가까운 '작은 주문'과 객단가 2만 원 이상의 '큰 주문'을 비교해 보자. 두 주문의 가장 큰 차이는 마진, 그리고 그 마진을 결정짓는 건 바로 '배달비'다.

배달비는 주문당 한 번만 부과된다. 메뉴가 두 개라고 해서 배달비를 두 번 부과하는 게 아니다. 결국 하나의 메뉴가 배달비를 부담하면, 나머지 메뉴들은 그 부담에서 자유로워진다. 메뉴 수가 많아질수록 주문당 마진이 커지는 이유다. 그래서 객단가를 높이는 구조를 만드는 일이 그만큼 중요하다.

하지만 장사를 하다 보면 최소 주문 금액에 가까운 주문만 연달아 들어올 때가 있다. 속으로 '이렇게 팔아서 남는 게 있을까?' 하는 생각이 들어 당장이라도 최소 주문 금액을 올리고 싶은 유혹이 생긴다. 그러나 배달장사에서는 이 생각을 잠시 멈추는 게 속 편하다. 나는 오히려 '작은 주문이 큰 주문을 만든다.'라고 믿는다. 큰 주문만 받고 싶어서 최소 주문 금액을 높이면 어떤 일이 벌어질까? 당연히 주문수가 줄어든다. 그러나 더 큰 문제는 '큰 손' 고객을 잃을 확률이 높아진다는 것이다.

예를 들어, 직장인 고객을 떠올려 보자. 괜찮은 가게를 발견하면 동료에게 추천도 하고 싶고, 팀 식사 주문도 그 가게에서 하고 싶어진다. 이처럼 단체 주문은 대게 '신뢰'가 바탕이 되어야 발생한다. 회사나 병원에서 점심시간에 5~10만 원 이상을 주문할 때, 형편없는 가게에서 주문했다가 맛과 양이 엉망이면 욕은 주문한 사람이 다 먹는다. 그래서 대부분은 자신이 최근에 먹어보고 괜찮았던 가게에서 단체 주문을 한다.

이때 '작은 주문'이 바로 그 첫걸음 역할을 한다. 혼자 한 끼 시켜 먹어보며 맛과 포장, 서비스에 만족하면 그 경험이 곧 단체 주문의 시작점이 된다. 그러나 1인분은 주문조차 할 수 없게 만들고 최소 주문 금액을 2만 원 이상으로 높여놓은 가게들은 이런 기회를 아예 잃고 있는 셈인 것이다.

이런 가게들의 공통된 생각은 '최소 주문 금액이 낮으면 남는 게 없어.', '하나 받을 바엔 안 받고 만다.' 등의 반응이다. 하지만 이런 마인드가 오히려 주문을 줄이고, 결국 가게를 더 어려운 길로 이끌 가능성이 크다. 작은 주문 하나가 다음날의 큰 주문을 만든다는 사실을 잊어서는 안 된다.


## 낮은 주문을 대하는 자세

낮은 최소 주문 금액의 역할은 조금 더 넓은 관점에서 큰 주문을 위한 일종의 '작은 테스트 주문'이라는 생각을 가져야 한다. 메뉴 하나가 들어와도 '언젠간 큰 주문으로 돌아올 거야.'라는 믿음으로 기쁘게 보내야 한다.

흥미로운 건, 하루를 마감해 보면 이 믿음이 실제로 맞다는 것이다. 아침에 단품 위주의 작은 주문이 많아 '오늘 객단가가 너무 낮은 거 아닌가?' 걱정하다가도, 밤늦게 마감할 때쯤 계산해 보면 평균 객단가는 신기하게도 2만 원대에 형성되어 있다. 반대로 점심 피크 시간에 큰 주문이 쏟아져 '오늘은 객단가 대박이겠네' 싶어도, 막상 마감하면 평균값은 거의 비슷하다. 결국 여기서 얻을 수 있는 교훈은 작은 주문에 너무 '일희일비'하지 말라는 것이다. 어차피 여러분이 설정한 객단가 구조 안에서 크게 벗어나지 않는다.

하지만 너무 낮은 최소 주문 금액은 오히려 손해를 부를 수 있다. 샌드위치·샐러드 업종에서 최소 주문 금액을 3,000원이나 5,000원으로 설정한다면, 역마진을 피하기 어렵다.

예전에는 플랫폼의 구간별 배달비 기능 덕분에, 최소 주문 금액을 낮춰도 배달팁으로 손해를 상쇄할 수 있었다. 하지만 지금은 그 기능이 사라졌다. 따라서 5,000원으로 설정한 가게에 5,000원짜리 토스트 하나 주문이 들어오면, 정말로 손해를 보고 배달해야 한다. 간단히 계산해 봐도 알 수 있다.

1. 주문금액 5,000원

2. 배달비 2,500~3,300원 차감(가게 부담)

3. 원가 1,500원 차감

4. 중개수수료 6.8~7.8%(약 340~390원)

5. 결제수수료 3%(약 150원)

총비용이 이미 5,290원을 넘어선다. 즉, 팔수록 손해다. 이런 구조는 피해야 한다. 그래서 일반적으로 카페나 샐러드 가게라면 최소 주문 금액을 11,000~15,000원 선으로 잡는 게 안정적이다.

물론 예외도 있다. 예를 들어, 젤라토 전문점처럼 매장 내에서 가장 저렴한 메뉴가 '4가지 맛 650g : 28,300원'부터 시작이라면, 최소 주문 금액을 5,000원으로 설정하는 게 오히려 유리하다. 왜냐하면 고객이 매장을 클릭하기 전, 노출 순위를 결정짓는 기준 중 하나가 최소 주문 금액이기 때문이다. 고객이 메뉴를 볼지 말지는 그다음 문제다. 일단 상위 노출을 통해 클릭을 유도하는 게 우선이다. 이런 경우엔 낮은 최소 주문 금액 전략이 효과적이다.

이처럼 **최소 주문 금액은 단순한 숫자가 아니라, 전략적인 눈치 게임이다.** 너무 높게 잡으면 고객의 접근을 막고, 너무 낮게 잡으면 역마진이 발생한다. 결국 중요한 건 '나도 손해 보지 않으면서, 고객도 부담스럽지 않게' 만드는 균형이다. 혼자 식사하려는 고객이 한 끼에 2만 원씩 써야 하는 구조라면, 자연스럽게 다른 가게로 눈이 가게 된다. 배달장사는 언제나 고객을 위한 작은 손해를 감수할 줄 아는 사람이 성장한다.

**인기 1위    사장님 추천**

### 젤라또 4가지 맛 650g (아이스크림)

650g

4가지맛 650g : **28,300원**

최소 주문 금액 5,000원 설정이 가능한 경우

# 작은 일에 흔들리지 마라

배달장사를 잘하기 위해 꼭 필요한 마인드 중 하나는 '나무가 아닌 숲을 보는 시야'다. 눈앞의 이익, 오늘의 매출, 당장의 지출만 바라보면 배달장사를 오래 유지하기 어렵다. 장사는 하루로 평가되지 않는다. 한 달, 한 분기 동안 쌓인 결과가 그 가게의 진짜 실력을 증명한다.

# 04

## 기반 확장:
## 매출 먼저 올려야 길이 열린다

"확장은 선택이 아니라 필수다. 규모가 곧 경쟁력이다."

제프 베이조스

### 매출 VS 순이익

매출이 더 중요할까, 순이익이 더 중요할까? 이건 마치 '닭이 먼저냐, 달걀이 먼저냐'처럼 답하기 어려운 질문이다. 사실 어느 쪽이 더 옳다고 단정 짓긴 어렵다. 사장님의 운영 방식과 성향에 따라 방향이 완전히 달라질 수 있기 때문이다. 순이익을 목표로 삼고 전략적으로 운영하는 사장이 있는가 하면, 매출을 먼저 키워 놓고 작은 순이익이라도 꾸준히 만들어가는 사장도 있다.

하지만 내가 내린 결론은 단 하나다. '매출이 있어야 순이익도 있다.'라는 것이다. 순이익을 먼저 만들고 매출을 올리는 게 아니라, 매출을 먼저 만들어야 순이익을 만들어갈 수 있다. 그렇다면 왜 매출을 반드시 올려야 하는 걸까? 그리고 매출을 올려놓았을 때 어떤 점이 유리할까? 내가 직접 겪은 경험을 바탕으로 정리해 보았다.

## 매출을 반드시 올려야 하는 이유

### 1. 규모의 경제

매출이 높아질수록 비용은 자연스럽게 줄어든다. 이것이 바로 '규모의 경제'다. 샌드위치·샐러드 장사에서도 이 개념은 그대로 적용된다. 오픈 초기에는 매출이 낮기 때문에 재료를 소량으로 구매할 수밖에 없고, 그만큼 원가율도 높다. 매출이 안 나오는데 싸게 사겠다고 대량 구매를 하면 결국 다 소진하지 못하고 버리게 된다. 오히려 더 손해다. 그래서 빠른 시기 안에 매출을 올려 구매 단위를 키워야 한다. 1개를 사던 것을 10개씩 살 수 있는 구조를 만들어야 한다는 뜻이다. 실제로 쿠팡에 들어가 대표 재료 몇 가지만 봐도 차이가 확연하다.

**대량 구매 시 절약되는 비용**

| 품목 | 단품 가격 | 묶음 가격 | 절약 금액 |
|------|-----------|-----------|-----------|
| 방울토마토 | 21,060원(1박스) | 114,190원(6박스) | 12,170원 절약 |
| 토마토 | 35,900원(1박스) | 194,660원(6박스) | 20,740원 절약 |
| 우유 | 2,260원(1개) | 24,230(12개) | 2,890원 절약 |

매출이 높아지면 재료 소진 속도가 빨라지고, 자연히 구매 빈도도 늘어난다. 매출이 낮을 때는 일주일에 1번 살 것도, 매출이 높으면 2~3번 구매하게 된다. 한 달이면 10번 이상 더 구매하게 되는 셈이다. 이처럼 매출이 오르면 원가 절감 효과도 커진다. 1천만 원 매출보다 1억 매출의 원가율이 낮을 수밖에 없는 이유가 여기에 있다.

## 2. 매출은 재료 순환을 돕고, 로스율을 줄인다

매출이 높은 상태에서 재료를 꾸준히 준비하다가, 갑자기 매출이 떨어지면 어떤 일이 벌어질까? 평소보다 재료 소진 속도가 느려지면서 남는 재료가 많아지고, 결국 상하거나 버려지는 양이 늘어난다. 이런 현상은 장사가 잘되던 가게가 경쟁자의 등장이나 일시적인 이슈로 고객의 선택에서 멀어질 때 자주 나타난다.

재료를 버리는 비율, 즉 '로스율'이 점점 높아지는 건 매우 위험한 신호다. 샌드위치·샐러드 업종에서는 특히 추석 전인 9월부터 매출이 서서히 떨어지는 경향이 뚜렷하다. 이 시기를 매년 미리 대비해야 한다. 재료 준비량을 평소보다 줄이거나, 광고를 강화하고, 영업시간을 늘리는 등 여러 방법으로 매출 하락을 방어해야 한다. 여름철에 쌓아 올린 매출 흐름을 그대로 이어가기 위해서는 수단과 방법을 가리지 않고 매출을 유지하려는 노력이 반드시 필요하다.

## 3. 매출은 메뉴 가격과 배달비를 조정할 수 있는 '기회'를 만든다

매출이 낮으면 선택권이 줄어든다. 반대로 매출이 높으면 시도할 수 있는 폭이 훨씬 넓어진다. 매출이 낮은 상태에서는 순이익을 높이기 위해 메뉴 가격이나 배달비를 올리고 싶어도 쉽지 않다. 기존 고객이 떠날까 두렵기 때문이다. 그래서 눈치를 보며 아무 변화도 주지 못한 채 제자리걸음에 머무르게 된다. 하지만 매출이 높으면 상황이 다르다. 꾸준한 수요가 있으니 가격을 조금 올려도 감당이 가능하다. 배달비나 메뉴·옵션 가격을 조정하면서도 매출 흐름을 유지할 수 있다. 물론 일정 부분 고객 이탈이 있을 수는 있다. 하지만 그만큼 단가가 올라 순이익은 늘어나고, 빠진 매출은 새로운 고객으로 채워나가면 된다. 이 과정이 바로 '매출 성장 사이클'이다. 꾸준히 매출을 유지하며 시장에 맞게 조정할 수 있는 힘은 결국 높은 매출에서 나온다.

### 4. 고매출은 저매출 때 보이지 않던 비효율을 해결해 준다.

매출이 오르면 장사의 문제점이 하나씩 드러난다. 조리 동선의 불편함, 재고 관리의 비효율, 인력 운영의 허점 등 그동안 보이지 않던 부분들이 매출이 늘면서 자연스럽게 드러나고 개선된다. 나는 사장님들에게 늘 이렇게 말한다. "매출이 알아서 사장님을 성장시켜 줄 거예요." 이 말은 단순한 위로가 아니다. 매출이 바로 최고의 스승이기 때문이다. 나 역시 초창기엔 도움을 받을 사람도, 배울 곳도 없어 오로지 매출 하나만 바라보며 부딪쳤다. 힘든 과정에서도 매출이 오르니 가게의 문제점이 눈에 보이기 시작했다. 조리 방식도, 동선도, 시스템도 모두 스스로 고쳐 나갈 수 있었다. 그때마다 느꼈다. '와, 이런 방식으로 여태 해왔다는 게 신기하다.' 그 경험들이 쌓여 지금은 나만의 노하우가 됐다. 이렇듯 고매출은 여러분의 경험을 자산으로 바꿔주는 최고의 교과서다.

### 5. 높은 매출은 위기 상황에서 버틸 수 있는 힘이 된다

코로나19와 같은 예기치 못한 위기는 언제든 찾아온다. 그 시기에도 버틴 가게와 무너진 가게의 차이는 결국 '매출'이었다. 코로나로 인해 홀 장사는 직격탄을 맞았지만, 배달 매출이 높았던 매장은 오히려 성장하거나 안정적으로 버텼다. 높은 매출은 단순한 숫자가 아니라 위기 속에서 버틸 수 있는 체력이다. 요식업은 언제든 외부 요인에 영향을 받는 업종이다. 그래서 평소에 매출을 최대한 끌어올려 놓는 게 결국 생존 전략이 된다. 위기는 언젠가 다시 온다. 그때 버티는 힘은 결국 '매출'에서 나온다.

### 6. 높은 매출은 장사를 '사업'으로 바꾸는 출발점이다

매출이 높아지면 선택지가 달라진다. 직원을 더 고용할 수 있고, 나를 대신해 운영을 맡길 수도 있다. 그만큼 시간적 여유가 생기고, 새로운 기회를 바라볼 수 있다. 레시피 개발, 2호점 출점, 프랜차이즈 확장, 클래스 운영 등 '장사'를 넘어 '사업'으로 나아갈 수 있는 기회는 고매출에서 비롯된다. 대출도 마찬가지다. 사업 확장에 필요한 자금을 확보하려면 매출이 기준이 된다. 매출이 높을수록 신용도가 높아지고, 더 큰 자금을 유치할 수 있다. 결국 고매출은 다음 단계로 나아가기 위한 디딤돌이다.

샌코치가 　말하는 　성장 비법

## 고매출은 새로운 기회를 연다

'매출만 높으면 된다.'라는 말은 오해다. 매출이 오르는 과정에서 순이익을 함께 만들어내는 것, 그것이 진짜 실력이다. 장사를 시작했다면 적어도 한 번은 반드시 고매출을 경험해야 한다. 매출이 낮을 때는 보이지 않던 기회들이, 매출이 높아지는 순간 눈앞에 펼쳐질 것이다.

# 05

## 본질 점검:
## 프랜차이즈 vs 개인 브랜드

"불가능해 보일 뿐, 해내기 전까지는 모른다."

넬슨 만델라

### 프랜차이즈 VS 개인 브랜드

샌드위치·샐러드 업종에서 유리한 건 과연 '프랜차이즈 브랜드'일까, '개인 브랜드'일까? 각각의 장단점이 있지만, 나는 업종 특성상 개인 브랜드가 더 유리하다고 본다. 이유는 바로 '자율성'과 '창의성'에 있다. 끊임없이 상상해 새로운 메뉴를 만들어 내는 능력이 곧 경쟁력이 되는 업종이기 때문이다.

특히 샌드위치·샐러드 업종은 벤치마킹이 쉽고 비슷한 메뉴가 많은 편이다. 그만큼 경쟁력을 갖추기 어려운 동시에 작은 차이로도 충분히 차별화가 가능한 업종이기도 하다. 결국 '메뉴 추가', '신메뉴 개발', '가격 변경' 등 잦은 변화에 빠르게 대응할 수 있는 '신속한 결정'이 핵심이다. 이런 점에서 프랜차이즈는 본사의 승인 절차와 시스템 제약 때문에 트렌드 대응이 느릴 수밖에 없다. 반면 개인 브랜드는 즉각적인 메뉴 개발과 트렌드 변화에 자율적 대응이 가능하기에 속도 면에서 훨씬 빠르다. 예를 들어, '웜-샐러드'가 유행한다고 해서 본사가 바로 다음 날 메뉴를 만들어주지는 않는다. 메뉴 개발에 시간이 걸리거나, 아예 시도조차도 하지 않는 경우도 있다. 가맹점이 독자적으로 '메뉴 추가'를 제안해도 받아들여지는 게 쉽지 않다. 이처럼 변화에 발이 묶이는 구조는 샌드위치·샐러드 업종처럼 빠르게 변하는 시장에서는 치명적인 단점이 될 수 있다. 결국 이러한 '창의성과 자율성', '속도'의 차이가 이 업종에서 프랜차이즈와 개인 브랜드의 경쟁력을 갈라놓는 핵심 요인이다.

다음은 샌드위치·샐러드 업종에서 프랜차이즈와 개인 브랜드의 대표적 장단점을 비교한 것이다.

### 1. 프랜차이즈 브랜드

**장점**

1) 메뉴 세팅부터 조리법, 물류 공급망, 교육, 인테리어까지 창업 준비 기간을 아낄 수 있다.
2) 브랜드 인지도로 초기 고객 확보가 용이하고, 본사 지원으로 안정적 출발이 가능하다.
3) 경험이 전혀 없는 '완전 초보자'도 운영이 가능하다.

**단점**

1) 창업 초기 비용이 비싸고, 가맹비·로열티·식자재 물류대 등으로 수익이 낮다
2) 본사의 규제와 제한이 많아 트렌드 대응이나 자율적 운영이 사실상 거의 불가능하다
3) 같은 가맹점끼리 경쟁에 노출될 수 있고, 브랜드에 대한 권한이 거의 없다.

## 2. 개인 브랜드

### 장점

1) 이름, 메뉴, 컨셉, 가격에 제한이 없고 시장 변화에 빠른 대응과 자율적 운영이 가능하다.
2) 초기 창업 비용을 아낄 수 있고, 가맹비·로열티가 없으며, 식자재 사입 등 수익성이 좋다
3) 잘 되면 프랜차이즈로 발전 가능성이 크고, 사업 확장성에 유리하다

### 단점

1) 경험이 전혀 없는 초보자가 시작하기엔 리스크가 크다.
2) 창업 준비 기간이 오래 걸리고 메뉴 개발, 운영 관리, 시스템을 만들어가는 데 오래 걸린다.
3) 본사의 지원이 없어 초기 고객 확보가 어렵고, 마케팅이나 광고·홍보 비용 지출이 크다.

무엇을 택하든 당신의 선택이다. 다만 꼭 기억해야 한다. 세상에 공짜는 없다. 프랜차이즈 본사는 자선 단체가 아니다. 프랜차이즈의 도움을 받는다는 건 결국 '가맹비 · 로열티 · 교육비 · 인테리어'라는 비용을 가맹점이 떠맡아야 한다는 것을 의미한다.

결국 중요한 건 '내 목표와 성향'에 맞는 선택을 하는 것이다. 본사가 가맹점과 함께 상생할 수 있는 구조인지, 나의 목적에 따라 '내게 필요한 지원'과 '자유' 중 어느 쪽을 더 중시하는지, 꼼꼼히 따져보고 신중히 결정하는 게 무

엇보다 중요하다.


## 개인 브랜드로 성공하라

스노우폭스 김승호 회장은 저서 『생각의 비밀』에서 "생각의 크기가 그 사람의 크기"라 말했다. 생각이 갖는 힘이 그만큼 크다는 것을 의미한다. 나는 많은 사장님이 이왕 개인 브랜드를 선택했다면, 목표를 최소 '프랜차이즈 대표' 정도는 말할 수 있는 사장님이 되었으면 한다.

컨설팅이나 상담을 하다 보면 놀랄 만큼 뛰어난 사장님들을 자주 만난다. 신메뉴 개발에 감각이 뛰어난 사장님, 모든 재료를 꿰뚫고 있는 사장님, 가게 운영을 숫자로 완벽하게 관리하는 사장님, 맛에 자신 있는 셰프 출신의 사장님까지. 모두 이미 대단한 능력을 갖춘 사람들이다. 이런 분들은 머지 않은 미래에 누구나 프랜차이즈 대표가 될 수 있는 사람들이다. 다만 되고, 안 되고는 본인의 '생각의 크기'가 그 운명을 결정하는 것이다.


1. '나는 동네에서 1위를 할 거야!'
2. '나는 전국에 50개, 100개의 매장을 낼 거야!'


이 두 목표는 그 시작부터 큰 차이를 만든다. 내 고객을 '동네 손님'으로 한정할지, '전국의 사장님'으로 확장할지에 따라 계획도, 실행도, 결과도 달라진다는 의미다. 어떤 목표를 택하든 그건 온전히 당신의 선택이다. 꼭 프랜차이즈 대표가 아니더라도 '크게 생각하는 사장'이 되어라. 개인 브랜드를 운영하면서도 분명 많은 기회가 찾아올 것이다.

개인 브랜드를 운영한다는 건 전 세계 어디에도 없는 '나만의 자아'를 하나 더 만들어가는 과정이다. 브랜드는 곧 나 자신이다. 내가 만든 브랜드는 나를 대변하고, 나의 철학과 성향이 그대로 녹아 있다. 그래서 사람마다 다르듯 브랜드도 모두 다른 것이다. 메뉴부터 맛, 조리 방식, 동선, 시스템, 인테리어, 콘셉트, 분위기까지 내가 만들었기 때문에 모두 다르다.

개인 브랜드 운영 중 겪는 어려움, 실수, 한계, 위기조차도 결국 내 브랜드의 스토리가 되는 자산이다. 그 스토리가 쌓일수록 브랜드는 더 단단해지고, 진짜 힘을 갖게 된다. 개인 브랜드를 운영하는 사장님이라면 이런 마음으로 임해야 한다. 다른 개인 브랜드와 선의의 경쟁을 하며, 미래의 예비 사장님들에게 내 브랜드를 자랑스럽게 소개할 수 있는 그런 사장님이 되어야 한다. 내가 만들어가는 나의 브랜드에 자부심을 가지고 운영하길 바란다. 언젠가 각자의 이야기가 담긴 멋진 브랜드로 만나길 기대한다.

**샌코치가** **말하는** **성장 비법**

## 경험을 배움으로 활용하라

프랜차이즈 가맹점주로서의 경험은 2년이면 충분하다. 프랜차이즈에 '의존'하려 하지 말고, 현명하게 '활용'해야 한다. 가맹비 · 로열티 · 물류비가 아깝게 느껴질 수 있지만, 사실 그것들은 아무것도 모르는 초보 사장에게 가장 빠르게 배우게 해주는 '경험 비용'이다!

# 06

## 경쟁 동력:
## 경쟁자는 축복이자 최고의 선생님이다

"위기는 위험과 동시에 기회를 품고 있다."

존 F. 케네디

### 경쟁자는 '성장 촉진제'

얼마 전 장사 노하우 공유 플랫폼 창톡 상담 문의로 부천에 다녀왔다. 그날 만난 사장님은 브런치카페를 운영하며 수제로 만든 빵으로 잠봉뵈르를 비롯한 다양한 샌드위치와 파스타를 판매하고 있었다. 그런데 가게 앞에 도착하자마자 깜짝 놀랄 수밖에 없었다. 정확히 사장님 가게 바로 옆 벽 하나를 사이에 두고 비슷한 평수의 또 다른 샌드위치 가게가 있었다. 물론 샌드위치에 사용하는 빵의 종류와 메뉴들이 조금은 달랐지만, 두 곳 모두 샌드위치 가게였다. 이렇게까지 가깝게 경쟁 가게가 있는 경우는 처음이었다. 보통은 건너편이나 몇 블록 떨어진 곳 정도지, 이렇게 '바로 옆'에 차리는 일은 거의 없었다. 나는 사장님께 조심스레 물었다. "여기 옆에도 샌드위치 가게가 있던데 괜찮으세요?" 그런데 사장님은 웃으며 이렇게 말했다. "얼마 전에 생긴 가게예요. 서로 얘기도 자주 하고 잘 지내요." 2년 넘게 가게를 운영해 온 사장님은 경쟁을 '부정적인 시선'으로 보지 않았다. 상담 문의도

'경쟁 가게를 이기려는 목적'이 아닌 '공존하며 내 가게를 성장시키고 싶다.' 는 취지로 도움을 요청한 것이었다.

이런 사장님의 태도가 놀라웠다. 사장님의 성품 덕분이었을까. 가게는 고민이나 어려움이 느껴지지 않을 정도로 손님들도 많았고, 재료가 소진되어 돌아가는 손님이 있을 정도였다. 나조차도 이번 상담은 '힘들어서'가 아닌 '더 발전하고 싶어서' 찾은 상담이라는 느낌을 받았다. 그 모습을 보며 오히려 배웠다. '경쟁자를 대하는 태도'에 대해, 다시 한번 생각하게 된 시간이었다.

경쟁자란 여러분에게 어떤 의미인지 묻고 싶다. 말만 들어도 너무 싫고, 없었으면 하는 존재인가? 아니면 안정적인 내 삶을 흔드는 불청객인가? 이렇듯 경쟁자는 여러 부정적인 이미지를 떠올리는 게 일반적이긴 하다. 솔직히 말해 나 역시도 3년 넘게 가게를 운영하면서 경쟁자는 항상 '위협적인 존재'로 느꼈다. 하지만 곰곰이 생각해 보면, 경쟁자가 전혀 없는 업종은 세상 어디에도 없다. 장사든 사업이든 경쟁은 피할 수 없는 현실이다. 결국 경쟁자는 내가 일을 그만두는 그날까지 나와 함께할 존재임은 분명하다.

그렇다면 내가 바꿀 수 있는 건 단 하나다. 경쟁자를 바라보는 나의 '관점'을 바꾸는 것이다. 경쟁자를 부정적으로 보기보다, 그 안에서 배울 점을 찾기 시작하면 더 이상 경쟁자는 내게 위협적인 존재가 되지 않는다. 내가 있는 강동구만 해도 수많은 샌드위치·샐러드 가게들이 생기고 사라진다. 어떤 곳은 초반부터 빠르게 성장해 위협적인 가게도 있었고, 또 어떤 곳은 마케팅과 홍보를 너무 잘해 부러웠던 곳도 있었다. 하지만 돌이켜보면 그 모든 경쟁자는 나에게 '배움의 대상'이었다. 이처럼 경쟁자의 장점을 내 가게의 성장 재료로 바꾸는 것, 그것만큼 강력한 성장 비법은 없다.

'위기는 기회다.'라는 말이 있다. 성장은 언제나 위기로부터 '더 크게' 일어난다. 안정된 시기보다 위기 상황 속에서 배우고 성장하는 속도는 비교할 수 없을 만큼 더 빠르다. 그런 의미에서 경쟁자는 나를 단기간에 가장 빠르게 성장시키는 '성장 촉진제'인 것이다.

강력한 경쟁자가 나타났다는 건, 안일해진 나에게 다시 에너지를 불어넣는 신호다. 그 존재가 불편할수록, 나는 더 배우고 더 단단해진다. 나 역시 이제는 잘하는 가게를 인정하고, 그들의 장점을 배우며 동시에 내가 가장 잘하는 것에 더욱 집중하려 노력하고 있다.

경쟁자를 지나치게 의식하는 건 독이 되지만, 적당한 긴장은 성장의 힘이 된다. 내 것에 더 집중하고, 내가 할 수 있는 것에 더 집중해 보자. 그러면 언젠간 지금보다 훨씬 크게 성장해 있는 가게가 되어 있을 것이다.

## 경쟁자를 통해 얻는 것들

경쟁자를 가장 잘 활용한 대표적인 경우가 바로 나의 경우다. 메뉴 개발부터 소스 개발, 배달앱 세팅, 강의 자료 등 많은 기회로 경쟁자를 활용했다. 나는 오픈 초기부터 경쟁 가게들의 음식을 먹어보며 분석도 하고, 괜찮은 메뉴들은 우리 방식대로 새롭게 만들어서 출시했다. 그중 대표적인 메뉴가 바로 '오운완 도시락'이다. 식단 관리나 다이어트를 하는 사람들을 위해 만든 메뉴다. '현미', '브로콜리', '그린빈', '당근', '방울토마토', '계란', '단백질 메인 토핑'을 넣어 가벼운 한 끼 식단으로 먹을 수 있게 만들었다. 지금도 가장 잘나가는 메뉴 중 하나이다.

메뉴뿐만이 아니다. 현재 샐러가든을 먹여 살리고 있는 '소스들' 또한 경쟁자 덕분에 탄생했다. 샌드위치와 샐러드만 줄곧 판매하다 포케가 유행하기 시작했다. 포케만 전문으로 하는 브랜드가 따로 나올 정도로 인기였다. 우리 역시 샐러드와 재료가 크게 벗어나지 않는 구성으로 포케도 만들어 출시했다. 유명 포케 브랜드를 전부 찾아보며 어떤 소스를 사용하는지 살폈다. '된장소스'와 '참깨간장소스'가 눈에 들어왔다. 메뉴를 주문해 맛을 보고, 분석을 거듭했다. '된장소스'는 여러 번 시도했지만, 감칠맛을 잡기 어려워 결국 포기했다. 하지만 '참깨간장소스'는 여러 번 테스트 끝에 기존과 완전히 다른, 샐러가든만의 소스 맛을 만들어 냈다. 지금은 드레싱 중 가장 압도적으로 많이 나가는 시그니처 소스가 되었다. 이뿐만 아니라 들기름메밀면소스, 육회소스 등 현재 스마트스토어에서 판매 중인 '그린펠로우_전용소스 5종' 모두 경쟁자 덕분에 태어난 결과물이다.

왼쪽부터 '홀그레인기본 소스', '들기름메밀면소스', '매콤칠리소스', '참깨간장소스', '비밀육회소스'

휴대폰 카메라를 켠 뒤, QR코드를 화면에 비추세요.

또 잘 되는 경쟁 가게들은 어떤 이유에서 잘 되는지 배달앱을 분석하기 시작했다. 어떤 메뉴를 전면에 내세우는지, 어떤 문구로 손님에게 진심을 전하는지, 서비스는 어떤 게 있고, 스티커나 자필 편지, 홍보물 등 각자의 무기는 무엇이 있는지 밤을 새가며 분석했다. 그뿐 아니라 내 매장과 비교하며 나는 없는데 경쟁 가게는 있는 게 무엇인지 찾으려 노력했다. 왜 경쟁 가게는 상단에 노출되어 있는데 내 매장은 없는지, 경쟁 가게는 리뷰가 하루에 30개씩 쌓이는데 내 가게는 왜 10개밖에 안 쌓이는지 컴퓨터랑 휴대폰을 번갈아 보며 끊임없이 파고들었다.

주력 제품을 상호 옆에 적는 것부터, 리뷰이벤트 종류 늘리기, 메뉴명과 메뉴 사진 바꾸기, 진심 가득한 멘트 적기, 할인 쿠폰 넣기, 피크 시간 우가클 돌리기, 카테고리별 최상단 노출 설정 등 배달앱 세팅을 하나씩 바꿔 나가니 주문이 늘기 시작했다. 이런 학습을 통해 얻은 결과물이 또 고스란히 다른 사장님들에게 알려줄 수 있는 값진 노하우와 자료가 되어주었다. 이런 경험을 PPT로 만들어 사장님들 대상 강의 자료로 활용했다. 사장님들 역시 강의에 대한 반응이 좋았고, 후기 글에는 '강의에서 배운 노하우를 적용해 실제로 주문이 많이 늘었다.'라는 사장님들이 정말 많았다.

이 모든 게 '경쟁자' 덕분에 일어난 일이다. 이러한 경험 덕분에 지금의 나는 경쟁자를 단 1%도 부정적으로 보지 않는다. 오히려 감사한 존재다. 항상 경쟁자를 통해 무엇을 배울 수 있을지 파악하고, 내 것에 집중하고, 내가 할 수 있는 것에 더 집중해서 더 좋은 결과물을 만들려 노력하고 있다. 확실하게 말할 수 있다. 나 혼자 만들 수 있는 건 없다. 경쟁자가 주기적으로 나와줘야 아이템이 생기고, 스토리가 생기며, 경험과 노하우가 쌓이는 것이다.

이제는 내 성장이 멈춘 느낌이 들 때면 '경쟁자를 기다려야 하나?' 싶을 정도다. 그만큼 나는 경쟁자의 존재가 주는 긍정적인 힘을 믿는다.

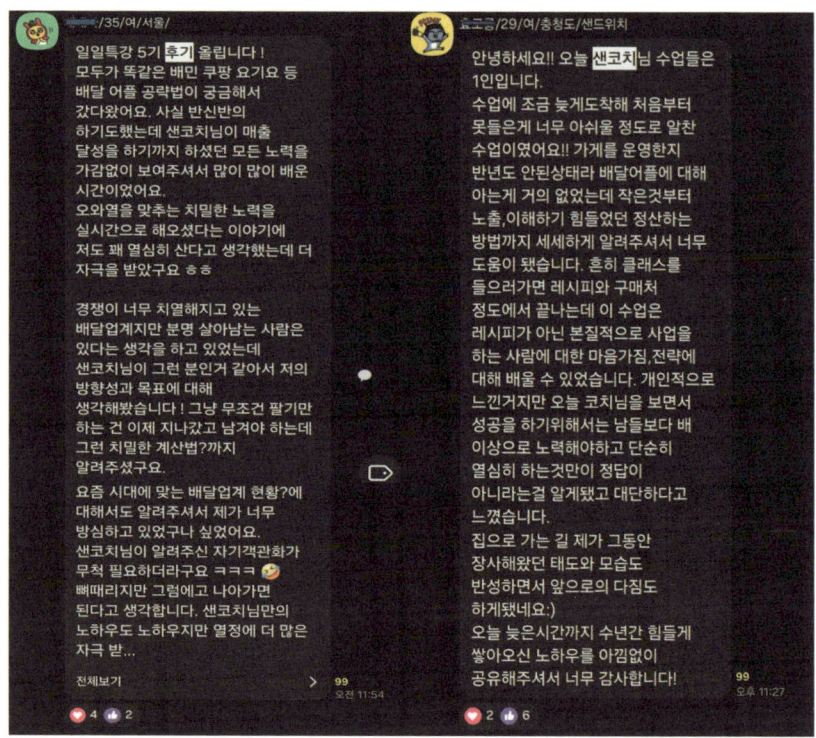

일일특강 후기 1                일일특강 후기 2

샌드위치·샐러드 배달장사는 이렇게 하라!

## 끊임없이 배우고 성장하라

멈추지 않고, 고립되지 않고, 그 자리에 머무르지 않는 것, 그것이 내가 부정적인 감정에 휘둘리지 않는 유일한 무기다. 경쟁자를 보며 불편하다면 이미 내 성장이 멈췄다는 신호다. 멈추지 않고 배우려는 마음을 유지할 때, 경쟁자는 나를 키우는 최고의 선생님이 될 것이다.

# 07

## 습관 설계:
## 의지가 약하면 환경을 만들어라

"성공의 비결은 당신의 환경이 당신을 도와주게 만드는 것이다."

맥스웰 몰츠

### 모든 성장은 가게에서 일어난다

나는 무언가 중요한 일을 시작할 때면 가장 먼저 가게에 '라꾸라꾸'부터 가져다 놓는다. 가게는 나에게 단순히 장사만 하는 공간이 아니다. 때로는 자습실이 되고, 때로는 촬영장이 되며, 때로는 잠자는 곳이 되기도 한다. 지금 이 글을 쓰고 있는 순간에도 집이 아닌 가게에서 쪽잠을 자며 원고를 완성해 나가고 있다. 가게를 활용할 때 좋은 점은 분명하다. 밤이 되면 온 세상이 고요해지고, 마치 우주 속에 나 혼자 남은 듯한 느낌이 든다. 전화도, 메신저도, 소음도, 방해도 없다. 오롯이 나와 내 생각만 남는다.

모두가 자는 '새벽의 1시간'은 '낮의 10배' 이상의 집중력을 발휘한다. 정신이 가장 또렷하고 생각이 가장 깊어지는 시간이다. 이런 이유에서 나는 낮보다 밤을 더 활용하여 '나만의 환경'을 만들어 나가고 있다.

'장사의 신' 은현장 대표는 사장의 노력을 이렇게 말했다. "오픈부터 마감까지의 노력은 누구나 하는 노력입니다. 진짜 사장의 노력은 마감 이후부터 어떤 일을 하느냐에 달려 있습니다."

대부분의 사장은 마감이 끝나면 하루의 일을 다 마쳤다고 생각한다. 하지만 진짜 사장의 일은 그때부터 시작된다. 마감 이후 어떤 시간을 보내느냐에 따라 가게도, 나도, 내 인생도 달라진다.

많은 사장님이 마감 후 곧장 집으로 가 맥주 한 캔을 따고, 유튜브를 보며 하루를 마무리한다. 반면 어떤 사장은 가게 문을 닫자마자 책상에 앉아 하루를 정리한다. 매출 자료를 작성하고, 리뷰를 분석하고, 고객 반응을 살핀다. 배달앱 데이터를 공부하거나, 가게 SNS에 게시물을 올리고, 블로그·카페에 영업 일기를 작성한다.

이 차이가 결국 성공하는 사장과 그렇지 못한 사장을 가른다. 의지가 약한 사람일수록 집으로 가서는 안 된다. 가게 밖은 유혹이 너무 많다. 의지를 믿기보다, 의지가 생길 수밖에 없는 환경을 만들어야 한다. 그 환경을 만드는 가장 좋은 방법이 '퇴근 후에도 가게에 머무는 것'이다. 나 역시 게을러질 때면 '가게 숙식 모드'로 전환한다. 그렇게 하면 그동안 허비했던 시간을 갚듯 다시 집중력을 되찾을 수 있다. 하나 확실한 건, 모두가 퇴근 후 조용한 가게에서 홀로 남아 있는 시간이 많아질수록 내 성장 속도는 빨라진다는 것이다. 결국, **모든 성장은 가게에서 일어난다.**

## 의지가 약하면 환경을 만들어라

나는 집이 가까운 덕분에 '약한 의지'마저 '환경'으로 극복할 수 있었다. 오픈 초기 시행착오를 겪던 시기를 제외하면, 3년 가까이 매일 새벽 6시부터 밤 12시까지 영업시간만큼은 꼭 지켜왔다. 중간에 새벽 출근 직원을 뒀던 1

년을 제외하면, 지금도 나는 매일 새벽 6시에 출근하고 있다.

사장님들이 자주 묻는다.

"어떻게 매일 그렇게 일찍 나가요?"
"피곤하지 않아요?"
"그게 가능해요?"

결론부터 말하자면, 나 역시 의지가 강해서 그렇게 하는 게 아니다. 단지 '환경'을 만들어 극복했을 뿐이다. 우리 가게의 배달 오픈 시간은 새벽 6시부터지만, 홀은 아침 9시에 문을 연다. 솔직히 말하면 매일 6시에 출근하지 않는다. 그럼에도 늘 6시에 오픈이 가능한 이유는 간단하다. '첫 주문이 울리면 그때 출근하는 것'이다.

아침에 일어나는 건 누구에게나 힘들다. 그럼에도 영업시간을 지키기 위해 생각해 낸 방법이 바로 '첫 주문 알림이 울리면 출근하기'였다. 신기하게도 알람 소리는 못 들어도 주문 알림은 깜짝 놀라 귀신같이 듣게 된다. 못 들으면 큰일이 나기 때문에 본능적으로 몸이 먼저 반응한다. 마치 군인이 기상 사이렌에 반사적으로 몸이 반응하듯, 주문이 울리는 순간 나도 모르게 몸이 먼저 움직인다. 모자를 눌러쓰고, 마스크를 쓰고, 그대로 뛰어나간다.

이건 일종의 환경을 이용한 강제 시스템 방법인데 굉장히 효과가 좋다. 첫 주문이 늦게 울리면 그만큼 늦잠을 잘 수 있고, 기분 탓인지 몸도 덜 피곤하다. 첫 주문이 6시에 울리면 6시에 내려가야 하고, 6시 50분에 울리면

6시 50분에 나가면 된다. 가게는 항상 6시에 오픈되어 있기 때문에 주문은 언제 들어올지 모른다. 가끔 정각 6시가 되자마자 첫 주문이 너무 일찍 울리면 더 자고 싶은 마음에 '악!' 소리를 지르며 내려가기도 한다. 반대로 아주 가끔은 7시 이후에도 울릴 때도 있어 1시간이나 더 늦잠을 잘 수 있다. 이런 날은 행복한(?) 날이다.

　이 단순한 방식 하나로 나는 새벽 영업을 꾸준히 이어올 수 있었다. 새벽 6시부터 아침 9시까지 평균 15건의 주문이 들어오고, 이 시간대 매출만 약 30만 원 정도다. 한 달이면 약 1,000만 원이 넘는 매출이다. 이런 이유로 새벽 영업은 절대 포기할 수 없다.

　결국 핵심은 '나처럼 하라'라는 이야기가 아니다. 의지가 약하다면, 환경을 만들어서라도 극복할 방법을 찾아보라는 것이다. 환경이 바뀌면, 불가능해 보이던 일도 가능해지는 순간이 반드시 온다.


### 2시부터 5시는 자기 계발 타임

　배달이든 홀이든 대부분의 업종이 그렇듯, 오후 2시부터 5시까지는 '주문이 가장 적은 시간대'다. 그래서 많은 가게들이 이 시간에 브레이크 타임을 갖는다. 하지만 나는 이 시간을 운동이나 자기 계발에 투자한다. 특히 이 시간대는 점심 이후로 졸음이 쏟아지는, 즉 '의지가 가장 약해지는 시간'이다. 그래서 더더욱 '환경'을 만들어 자지 말고 몸을 움직이는 게 좋다. 운동을 하거나, 공부를 하거나, 학원에 다니는 것도 좋다. 가능하면 혼자보다는 '강제성이 있는 환경'을 만드는 게 효과적이다.

타임스탬프 매일 인증

예를 들어, 개인 헬스보다는 수영 같은 강습이 있는 운동이 훨씬 낫다. 개인 운동은 내 의지에 따라 결정되기 때문에 '오늘은 피곤하니까…' 하며 쉽게 포기할 수 있다. 반대로 강습형 운동은 선생님이 있고, 일정 시간에 반드시 참여해야 하며, 함께 운동하는 사람들이 있기 때문에 자연스럽게 따라가게 된다. 비싼 돈을 내고 등록한 수업이라면 더더욱 그렇다.

나 역시 여러 운동을 시도해 봤다. 헬스장도 1년 권, 6개월 권, 3개월 권…. 다양하게 끊어봤지만, 대부분은 '돈만 내는 VIP'로 끝났다. 지금도 6개월 결제한 스포애니 회원권은 한 달도 못 채우고 거의 끝나가고 있다. 반면 수영은 3년 넘게 다니고 있다. 선생님 한 명이 반을 맡고 20~30명의 회원이 함께 운동하기 때문에 피곤해도 앞사람이 출발하면 나도 강제로 출발해야 한다. 이게 바로 '강제된 환경'의 힘이다. 의지가 약해도 환경이 만들어주는 것이다.

가끔 너무 졸릴 때도 있다. 그럼에도 우선 몸이라도 가는 게 중요하다. 이런 날은 순서가 올 때까지 물 안에서 선 채로 졸은 적도 꽤 있다. 차가운 물속에서도 졸 수 있다는 걸 처음 알았다. 그렇게 한 시간쯤 운동하고 나오면, 그냥 자버렸을 시간에 오히려 잠이 확 깨고, 저녁 장사도 훨씬 상쾌한 기분으로 시작할 수 있다.

이렇듯 2시부터 5시는 하루 중 의지가 가장 약한 시간대다. 이 시간을 어떻게 보낼지, 어떤 '환경'으로 극복할지에 따라 하루의 질이 달라진다. 잠깐의 휴식이 아니라, 나를 성장시키는 의미 있는 시간으로 만들어보자.

# 환경이 의지를 이긴다

의지만으로 계속 밀어붙여도 잘 풀리지 않는다면, 환경을 한 번 바꿔보라. 그러면 의외로 쉽게 해결되는 일들이 있다. '안 된다.'가 아니라 '되게 만들 방법은 무엇일까?'를 스스로에게 묻는 사람, 그 태도와 마인드가 결국 성장의 차이를 만든다.

# 실행하기

## 월 매출 1억을 만든
## 샌코치의 운영 전략

#첫화면   #재주문율   #객단가   #야간영업

#단체주문   #노출수·클릭수·주문수   #월매출1억

## 샌코치의 핵심 미리 보기

지난 3단계에서 배달앱의 기본기를 완성했다면, 이번 4단계에서는 월매출 1억을 만드는 데 반드시 필요한 배달앱 실전 전략들을 하나씩 꺼내 놓는다. 알고 있는 것과 해내는 것은 다르다. 이제 남은 건 실천, 그리고 내 가게에 적용하는 일이다.

1   고객이 보는 첫 화면에 배달장사의 모든 비밀이 숨어 있다.

2   모든 장사의 비법은 결국 '고객'으로부터 나온다.

3   객단가를 올려야 남는 장사를 할 수 있다.

4   사장들도 야간 영업을 통해 야간 수당을 받을 자격이 있다.

5   단체 주문은 '행동하는 사장'에게만 찾아오는 선물이다.

# 01

## 고객의 첫 화면에
## 모든 승부를 걸어라

"적을 알고 나를 알면 백 번 싸워도 위태롭지 않다."

손자병법

## 배달앱 첫 화면, 모든 비밀이 숨어 있다

배달앱을 알고, 고객을 알고, 나를 알면 백전백승이다. 월매출 1억을 만들고 싶다면, 가장 먼저 해야 할 건 '배달앱' 공부다. 노출수·클릭수·주문수의 관계부터 광고 효율 분석, 정산 구조까지 완벽히 이해해야 한다. 그리고 그다음 단계는 '고객'을 아는 일이다. 정확히 말하면, '고객의 심리'를 아는 일이다. 수많은 가게 중에서 고객은 어떤 기준으로 내 가게를 클릭할까? 클릭 후에는 무엇을 보고 주문을 결정할까? 이 과정을 고객의 입장에서 '역으로' 따라가 보는 습관이 필요하다. 이걸 꾸준히 하는 사장님은 어느새 '고객 심리 분석가'가 되어 있을 것이다. 장사를 잘하는 사람과 그렇지 않은 사람의 차이는 바로 여기서 갈린다.

고객의 심리를 제대로 이해하는 가장 좋은 방법은 '손님이 되어보는 것'이다. 내 가게뿐 아니라 경쟁 매장까지 고객의 시선으로 바라봐야 한다. 홀 장사라면 네이버플레이스를, 배달장사라면 배민·쿠팡이츠·요기요를 직접 사용해 보며 관찰해야 한다. 노출부터 클릭, 주문까지 이어지는 그 '심리의 흐름'을 직접 따라가며 느껴야 한다. 이것이 바로 '고객 심리 분석'의 출발점이다.

장사 고수일수록 이 과정을 생활화한다. 하루에 한 번 이상은 배달앱을 켜고, 새로 뜬 매장이나 상위 노출 매장을 살펴보며 '왜 이 가게가 선택받는지'를 분석한다. 이러한 습관이 장사의 기본을 만들어주는 것이다.

## 배달의민족이 고객 심리를 활용하는 법

'고객 심리 분석'을 가장 잘하는 기업이 바로 '배달의민족'이다. 최근 두 차례의 UI 변경만 봐도, 그들이 얼마나 교묘하게 고객 심리를 잘 활용하는지 알 수 있다. '첫 화면 공략'과 '구매 행동 유도'를 완벽하게 설계한 그 대표적 사례가 바로 '가게 배달 축소'와 '음식 배달 통합' 정책이다. 배민은 최근 더 많은 수익을 위해 수수료를 점차 정률화 정책으로 통합하고 있다. '울트라콜(깃발)'을 없애고 가게 배달을 축소하는 동시에, 9.8%라는 높은 수수료를 부과하는 '음식 배달'로의 통합을 확대했다.(현재는 6.8~7.8%로 조정됨) 이 정책이 자연스럽게 정착되도록 UI도 함께 바꾸었다.

첫 화면 구성만 봐도 의도가 명확하다. '음식 배달' 카테고리는 첫 화면의 3분의 2를 차지하는 큰 직사각형으로, '가게 배달'은 오른쪽 끝, 눈에 잘 띄지 않는 작은 공간에 배치했다. 지금은 첫 화면에서도 완전히 사라지고 결제창에서만 볼 수 있다. 즉, 가게 배달을 의도적으로 축소하려는 전략인 것이다.

샌드위치·샐러드 배달장사는 이렇게 하라!

세부 문구 하나에도 이러한 계산이 숨어 있다. '음식 배달' 아래에는 "배달의민족에서 '직접' 관리해요."라는 문구를 넣어 소비자가 신뢰를 느끼도록 만들었다. 반대로 결제 화면에서는 '가게 배달' 아래 "배달원의 위치를 알 수 없어요."라는 문구를 넣어 가게 배달 선택을 교묘하게 기피하도록 만들었다. 이처럼 배민은 '첫 화면 설계'만으로 소비자의 선택을 자신들이 원하는 방향으로 유도하고 있다.

배달의민족 화면                                    가게 배달 문구

최근 논란이 많은 '한그릇 배달'도 같은 맥락이다. 겉보기엔 1인 가구를 위한 서비스 같지만, 실제로는 배민 독점 구조를 강화하기 위한 전략으로 사

용되고 있다. 12,000원 상한가 안에서 배달비, 수수료, 원가를 제하면 남는
게 거의 없다. 지금이야 배달비 일부를 지원하지만, 이 혜택은 언제든 종료
될 수 있다.(이미 지원 종료 공지가 나와 있는 상태다) 이런 방식은 배민이
늘 해왔던 방식이다.

한그릇 지면 역시 초기에는 음식 배달 카테고리 마지막 순서인 8번째 위
치에 있었다. 하지만, 지금은 앱을 켜자마자 보란 듯이 첫 화면 가장 왼쪽
첫 번째에 한그릇 지면이 자리 잡고 있다. 배민이 지금 가장 밀고 있는 핵심
상품이라는 의미다. '한그릇 배달' 활성화를 위해 첫 화면 가장 좋은 곳에 위
치시켜 소비자의 시선을 끌고, 선택을 유도하려는 것이다.

배달의민족의 이러한 '첫 화면 공략'과 '구매 행동 유도' 방식은 우리도 배
워야 할 부분이다. 고객이 스스로 선택한다고 느끼게 만들지만, 사실은 그
들의 설계 안에서 움직이게 만든 것이다. 우리도 마찬가지다. 고객이 내 가
게를 클릭하고, 주문으로 이어지게 하려면 '첫 화면' 안에 구매 행동을 유도
하는 장치를 심어야 한다.

배민이 앱 첫 화면의 배치를 바꾸듯, 우리 역시도 가게의 UI(사진, 문구,
메뉴, 순서, 위치 등)를 고객의 시선에 맞게 재설계해야 한다. 첫 화면에서
어떤 이미지를 먼저 보여줄지, 어떤 문장으로 구매 욕구를 자극할지, 이 모
든 것이 '첫 클릭'과 '주문'을 결정한다.

## 샌코치의 첫 화면 공략 노하우

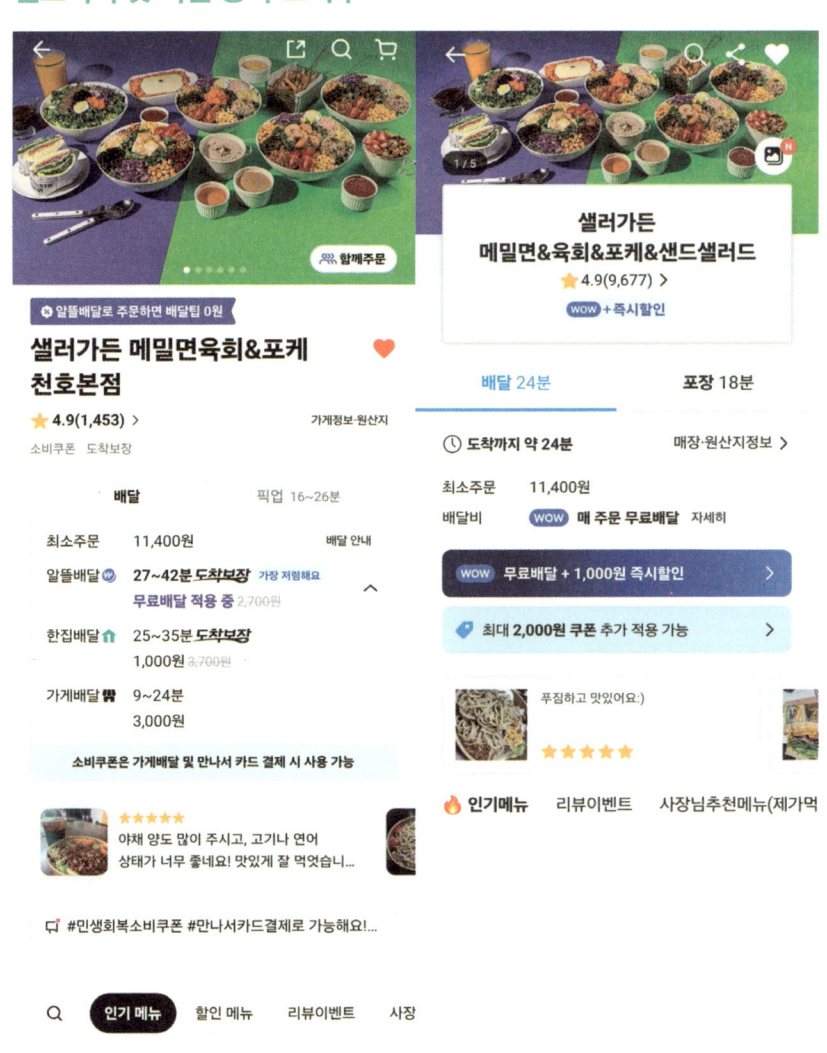

배달의민족 첫 화면          쿠팡이츠 첫 화면

지금 당장 배달의민족과 쿠팡이츠를 켜서 내 매장을 클릭해 보자. 화면에는 위에서부터 순서대로 다음 정보가 보일 것이다. '대표 사진 모음컷', '상호명', '별점·리뷰수', '최소 주문 금액', '배달비', '앱에서 강조하는 문구', '즉시 할인·쿠폰', '리뷰 정보', '그룹명 카테고리', '주문 안내 문구'.

신기하게도 두 앱 모두 거의 같은 순서로 구성되어 있다. 즉, 배민과 쿠팡이츠가 이미 고객이 중요하게 여기는 요소를 분석해 UI(첫 화면)를 설계한 것이다. 배민과 쿠팡에서 내가 무엇을 해야 할지 이미 힌트를 준 것이다. 이 구조 안에서 우리가 할 일은 단 하나다. 소비자 행동을 유도해 '구매'로 연결되게 만드는 것이다. 아래는 내가 실제로 운영하며 쌓은 '첫 화면 공략' 노하우를 정리했다.

### 1. 대표 사진 모음컷

말 그대로 여러 메뉴가 한눈에 보이는 '모음컷'이다. 간혹 단일 메뉴 사진만 올려두는 매장이 많은데, 대표 사진은 메뉴를 미리 보여주는 역할인 만큼 최대한 많은 메뉴를 보여줘야 한다. 대표 사진은 항공샷보다 45도샷으로 입체감을 살리면 더욱 좋다. 설정은 '가게 메뉴판 편집' → '메뉴 모음컷' → '첫 번째 사진'에서 수정 가능하다.

### 2. 상호명

상호명은 클릭수에 직접적인 영향을 주는 핵심 요소다. 다른 글씨보다 굵은 것만 봐도 그 중요성을 알 수 있다. 상호명에는 반드시 판매하는 주력 메뉴명을 '&' 기호와 함께 넣어야 한다. 특히 상호명만 들었을 때 무엇을 파는 가게인지 모르는 상호명일수록 메뉴명 기입은 필수다. 예를 들어, '일퍼센트(1%)'라는 상호만 보면 무엇을 파는지 알 수 없다. '일퍼센트 샌드위치&샐러드'처럼 꼭 주력 메뉴명을 함께 등록해야 한다. 배민 같은 경우 '&'(앤드기호) 1개를 기준으로 최대 두 개의 메뉴명을 허용하고 있다. 이미 등록된 상호명도 1회에 한해 수정 가능하니 상담원을 통해 꼭 변경하자.

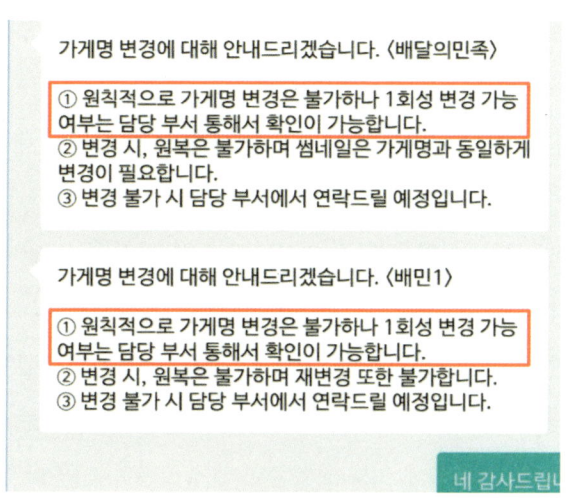

가게명 변경 안내문

### 3. 별점 · 리뷰수—★5.0(n)

이건 단순하다. 최대한 오래, 많이, 성실히 일하는 수밖에 없다. 별점이 높고 리뷰가 많을수록 고객의 신뢰가 커지고, 주문 확률은 함께 올라간다. 리뷰는 곧 '신뢰 자산'이다.

## 4. 최소 주문 금액

이 부분은 이미 3단계에서 충분히 강조했다. 업종마다 최소 주문 금액이 모두 다르지만, 카페 카테고리에 속하는 '샌드위치 · 샐러드 업종'은 평균 11,000~14,900원 사이로 형성되어 있다. 최소 주문 금액은 주문수와 반비례한다. 낮을수록 주문은 많아지고, 높을수록 그만큼 주문은 떨어질 수밖에 없다.

## 5. 앱에서 강조하는 문구

이건 우리가 바꾸는 영역이 아니다. 배민과 쿠팡이 각자 내세우는 경쟁 문구다. 현시점 배민은 '소비쿠폰은 가게 배달 및 만나서 카드 결제 시 사용 가능'이라는 문구가, 쿠팡은 '지금 와우카드 사용 시 최대 20만 원 혜택'이라고 적혀 있다.

현재 배달의민족만 가능한 '만나서 카드 결제' 시스템을 전면에 내세워 소비쿠폰 이슈를 '자사 독점 전략'으로 연결한 셈이다. 이렇듯 두 플랫폼도 소비자 한 명을 더 잡기 위해 이렇게 치열하게 경쟁한다. 그만큼 우리도 단 한 명의 고객이라도 더 유입시키기 위한 노력을 게을리해선 안 된다.

## 6. 즉시 할인 · 쿠폰

현재 배민은 '쿠폰'을 모두 없애고 '즉시 할인'으로 통일했다. 전체 금액에서 가게가 설정한 할인액을 바로 적용하는 방식이다. 역시나 두 곳 모두 주문 전에 고객이 잘 파악할 수 있도록 아주 잘 보이는 곳에 배치해 놓았다. 배민은 강조를 뜻하는 기호인 '번개 표시'와 함께 '⚡○,○○○원 즉시 할인 적용됨'이라고 적고, 쿠팡은 '무료 배달 + ○,○○○원 즉시 할인'이라고 강조했다. 즉시 할인은 할인 금액이 클수록 주문수도 늘어난다. 경쟁 매장보다 더 잘되기 위해서는 손해를 감수하고서라도 단돈 500원이라도 더 할인을 해야 주문수를 올릴 수 있다.

### 7. 리뷰 관련 정보

첫 화면에는 '리뷰 사진'과 '한 줄 평' 2~3개가 함께 노출된다. 배민은 '추천순', 쿠팡은 '최신순'이다. 고객의 리뷰 사진까지는 어떻게 할 수 없는 영역이지만, 한 줄 평은 충분히 바꿀 수 있는 부분이다. '최고', '맛있네요', '양많아요'라는 짧은 한 줄 평보다 디테일하고 길이가 긴 한 줄 평이 주문을 이끄는 데 더 중요하다. 길이를 결정하는 건 음식 맛 그 자체로도 중요하지만, 더 확실한 건 고객에게 사소한 '감동'을 주는 일이다. 고객의 요청 사항을 꼼꼼히 지키는 것만으로 좋은 리뷰를 받을 확률이 크게 높아진다.

### 8. 그룹명 카테고리

배민, 쿠팡 모두 메뉴 그룹 가장 상단에 '인기메뉴 그룹'을 고정해 놓고 있다. 그룹명과 메뉴 모두 바꿀 수 없도록 했다. 나머지 그룹은 그룹명을 수정할 수 있다. 나는 이런 부분을 전략적으로 활용했다. '첫 화면에 그룹명들이 노출된다면, 꼭 그룹명에 샌드위치·샐러드·음료 같은 그룹명만 적을 필요가 있을까?'라는 생각으로 그룹명을 바꾸기 시작했다. 그룹명에 '붕어빵 무료 제공', '강력 리뷰이벤트' 등으로 그룹명을 적거나 '사장님 추천 메뉴(제가 먹어도 맛있어요ㅎ)' 등 내 마음대로 그룹명을 변경했다.

이렇게 하면 고객이 첫 화면만 봐도 '여긴 리뷰이벤트를 하는 가게구나', '주문하면 붕어빵을 무료로 주네?' 하고 미리 인지할 수 있는 것이다. 이 작은 부분 하나가 주문으로 이어지는 강력한 장치가 된다.

### 9. 주문 안내 문구

첫 화면에 띄어쓰기 포함 약 25자 내외로 노출되는 문구다. 최대 400자까지 입력할 수 있지만, 실제로 보이는 건 25자 남짓이기 때문에 그 한 줄 안에 핵심 문구를 담아야 한다. 가게에서 강조하는 이벤트나 서비스, 안내 사항을 적는 것이다. 의미 없는 문구가 아닌 내 매장을 단 25자로 표현한다고 생각하고 가장 강력한 문구를 적는 것이다.

예를 들어, 약 25자 내외로 핵심 정보만 간단히 정리해 사용한다.

1)
#24시간 운영 #배달비 무료
#신메뉴출시

2)
#민생회복소비쿠폰
#만나서카드결제로 가능해요

쿠팡에는 '주문 안내 문구'를 적는 곳이 따로 없지만, 이 또한 유사하게 적을 수 있는 곳을 찾았다. 바로 첫 번째 그룹의 '설명글'에 적으면 볼 수 있다. 최대 500자까지 가능하지만, 너무 길면 오히려 방해된다. 그룹의 설명글 역시 꼭 그룹과 관련된 내용일 필요 없다. 이러한 선입견을 바꿔 나갈수록 더 다양한 전략들이 보이기 시작한다.

## 정답은 첫 화면에 있다

어떤 플랫폼이든 정답은 '첫 화면'에 있다. 소비자는 스크롤을 내려 저 밑에 있는 2~3페이지 내용을 궁금해하지 않는다. 아무리 UI가 바뀌어도 이 본질만 이해하고 있으면 된다. 매력적이고, 강력한 문구로 고객의 첫 화면에 모든 승부를 걸어야 한다.(배민과 쿠팡은 심지어 어플리케이션 디자인까지 '무료 배달'이라는 문구를 넣었다!)

# 02

## 샐러드, 포케 재주문율을
## 높이는 비결

"항상 고객의 관점에서 사물을 봐라."

샘 월튼

### 고객의 주문 패턴이 알려준 지혜

인천에 있을 때 일이다. 한평생 샐러드를 먹어본 적이 없던 내가 장사를 시작하면서 처음으로 샐러드를 먹어봤다. '샐러드는 결국 드레싱 맛이다.'라는 말처럼 매일 드레싱을 바꿔가며 다양하게 먹었다. 처음에는 드레싱 종류가 몇 개 없으면 매일 같은 드레싱을 먹게 되어 손님들이 질려 할 수 있겠다고 생각했다. 그래서 최대한 다양한 드레싱을 준비했다. 지금껏 사용한 드레싱 종류만 봐도 발사믹 드레싱, 오리엔탈 드레싱, 랜치 드레싱, 어니언 드레싱, 유자 드레싱, 참깨흑임자 드레싱, 스리라차마요 드레싱, 불난마요 드레싱, 와사비마요 드레싱, 참깨간장 드레싱, 와사비간장 드레싱, 스테이크 소스, 허니머스타드 소스, 칠리 소스 등 최소 14가지 이상은 사용했다. 그중 가장 대중적인 드레싱으로 골라 현재는 8종류만 남겨 놓았다.

샐러드 주문 시, 드레싱마다 어울리는 '추천 메뉴'나 '안내 멘트'가 있었다.

보통 발사믹을 추천할 땐 '다이어트에 가장 많이 드시는 드레싱입니다.', 오리엔탈은 '가장 대중적으로 많이 찾는 드레싱입니다.', 어니언은 '연어 메뉴를 드실 때 가장 어울리는 드레싱입니다.' 등으로 설명했다. 한때 샐러드 사장으로서 '바디프로필 한번 찍어봐야겠다!'라는 결심으로 다이어트를 위해 샐러드에 발사믹 드레싱을 넣어 먹기 시작했다. 먹어본 사람은 알겠지만 발사믹 소스는 맛으로 먹는 소스가 아니다. 물론 맛있게 먹는 소수의 사람도 있겠지만, 대부분은 맛보다는 다이어트 목적으로 발사믹 드레싱을 찾는다. 이유는 칼로리 차이와 성분 구성에 있다.

발사믹 드레싱은 오리엔탈 드레싱 대비 칼로리가 30~40% 더 낮고, 당분 대신 산미 중심이라 인슐린 반응이 적다. 또한 발사믹 식초 자체가 지방 분해를 촉진하고 식욕을 억제하는 효과가 있기 때문이다. 이런 이유에서인지 맛에 이런 표현을 써도 될지 모르겠지만 발사믹 드레싱의 첫 느낌은 '오래 숙성된 발 냄새(?)' 같은 맛이었다. 처음 발사믹을 접하는 사람들이 '발 냄새 같다.'라고 느끼는 건 특유의 숙성향 때문에 꽤 흔한 반응이며 의외로 많은 사람이 같은 반응을 느낀다고 한다. 내가 먹기엔 조금 많이 역해서 한 그릇을 못 먹는 경우가 많았다. 오래가지 않아 발사믹 드레싱은 포기하고 결국 오리엔탈 드레싱으로 먹기 시작했다. 도저히 다이어트를 오래 지속할 수 없는 맛이었다. 이러한 발사믹 맛의 경험은 나에게 다소 충격적이었다.

이 경험 때문이었을까. 나는 샐러드 주문이 들어올 때마다 드레싱 선택란에 발사믹 드레싱을 고른 손님들이 도저히 이해되지 않았다. 실제로 샐러드 주문의 절반 이상이 발사믹을 선택하는 걸 보고 더 의아함을 느꼈다. '아니, 이렇게 맛없는 걸 정말 다이어트 목적만으로 먹는다고?', '다른 이유가 있지 않을까?'라는 궁금증이 생겼다. 역시나 이유가 있었다. 바로 '드레싱 옵션의 순서'에 있었다. 샐러드 주문 시 드레싱 선택란 첫 번째가 바로 '발사믹 드레싱'이었던 것이다. 샐러드를 접하는 데 드레싱 종류에 대해 잘 모르는 손님들은 가게에서 설정한 첫 번째 드레싱을 아무 생각 없이 시키는 것이었다. 실제로 배달앱에서 주문할 때도 샐러드를 선택하면 자연스럽게 옵션 첫 번째 드레싱이 이미 클릭이 되어 있다. '다음' 버튼만 누르면 주문이 된다. 이 비밀을 아는 순간 새로운 아이디어가 떠올랐다. '아! 내가 추천하고 싶은 가장 맛있는 드레싱을 가장 상단에 두면 되겠구나!' 그때부터 신기하게도 발사믹 드레싱의 선택이 확연히 줄어들었다. 내 생각이 맞았던 것이었다.

← **그릴드닭가슴살 샐러드**　　⎘　Q　🛒

**드레싱선택(필수)**　　　　　　　**필수**

◉ 많이 팔렸어요
　참깨간장(강력추천)　　　　　　+0원

○ 와사비간장(강력추천)　　　　　+0원

○ 스리라차마요(매콤추천)　　　　+0원

○ 발사믹드레싱(식단추천)　　　　+0원

○ 유자드레싱(달콤상콤)　　　　　+0원

○ 오리엔탈드레싱(모두추천)　　　+0원

○ 어니언드레싱(연어추천)　　　　+0원

○ 허니머스타드소스(오리추천)　　+0원

샐러드 드레싱 선택 옵션창

## 나만의 '최상단 활용' 노하우

　메뉴도, 옵션도, 재료도 많은 샌드위치·샐러드 업종은 '최상단 활용'이 정말 중요하다. 내가 주로 팔고 싶은 메뉴나 옵션을 가장 위로 올리는 작업이다. 특히 샐러드나 포케를 판매할 때 첫 번째 옵션란에 '가장 맛있는 드레싱'을 설정하는 건 결국 '재주문율'을 올리는 데도 가장 좋은 방법이다. 앞서 말했지만, 샐러드는 결국 마지막에 야채와 곁들여 먹는 드레싱 맛으로 먹는 것인데, 이 드레싱 맛이 최종적으로 샐러드와 포케 맛까지 결정짓는 것이다. 현재 샐러가든 본점은 이런 이유에서 직접 개발한 '참깨간장 드레싱'을 가장 상단에 두고 있다. 내가 먹어도 맛있을 정도로 맛이 괜찮다. 이 전략을 적용한 이후부터 샐러드·포케의 재주문율도 늘었고, 지금은 전체 드레싱 선택의 70% 이상은 '참깨간장 드레싱'을 선택할 정도로 압도적이다.

　이런 이유로 매장에서 개발한 최소 2~3개의 수제 소스는 있어야 한다고 강조한 것이다. 우리 매장을 가장 대표적으로 표현할 수 있는 가장 맛있는 '나만의 드레싱'을 가장 상단에 두는 것, 그것이 차별화다. '나만의 드레싱'의 소스맛 때문이라도 계속 찾을 수밖에 없도록 재주문율을 발생시키는 것이다. 샐러드·포케는 이렇게 '나만의 드레싱'으로 고객들을 공략하는 것이다. 이제 막 시작한 가게나 아직 수제 소스가 없는 가게는 기성품 중 가장 대중적인 맛으로 먹는 '오리엔탈 드레싱'을 가장 상단에 두는 것을 추천한다.


　이처럼 '최상단 활용' 전략은 드레싱 선택에서만 활용할 수 있는 게 아닌 모든 부분에서도 응용할 수 있다. 메뉴 구성에 있어서도 적용 가능하다. 샌드위치·샐러드는 메뉴가 많을 수밖에 없는 업종이다. 실제로 샐러가든 본점은 120여 개가 넘게 메뉴 구성이 되어 있지만 실제로 매출의 가장 큰 상당 부분을 차지하는 메뉴는 10개 내외다. 이 메뉴들을 통해 가게 전체 매출을 발생시키는 것이다. 이 메뉴들을 **손님들이 찾아 헤매게 하지 말고 내가 친절히 그룹을 만들어 정리해 준 다음 최상단에 설정해 놓는 것이다.**

← 샐러가든 메밀면육회&...  ⤴ Q 🛒

🔍 **사장님추천메뉴(제가 먹어도 맛있어요ㅎ)** 매콤사

### 사장님추천메뉴(제가 먹어도 맛있어요ㅎ)

오랜 고민끝에 딱 준비했습니다:D 이것만은 꼭 드셔보세요 샐러가든에만 있는, 샐러가든이 가장 잘 하는 메뉴들입니다

인기 1위

**'비밀소스' 육회들기름메밀면**

(사장님찐추천) 진짜믿고드셔보세요
소스재료만 5가지배합으로 맛있어요

· 가게배달도 무료 : **14,900원**

인기 3위

**'수제소스' 들기름메밀면**

(사장님찐추천) 진짜믿고드셔보세요
소스재료만 5가지배합으로 맛있어요

· 가게배달도 무료 : **10,900원**

인기 2위

**'반개도 배부른' 클럽샌드위치**

[넘사벽 주문1위] 샐러가든 대표메뉴
반개만 드셔도 100% 배부른 뚱되치

· 나눔기부실천가게 : **9,500원**

**통새우칠리샌드위치**

[넘사벽 주문2위] 샐러가든 대표메뉴
반개만 드셔도 100% 배부른 뚱되치

· 나눔기부실천가게 : **9,900원**

**바질파스타 샐러드**

바질이 듬뿍 함유된 비밀소스로 만든
한번 먹게 되면 잊을 수 없는 그 맛:D

· 가게배달도 무료 : **13,500원**

사장님 추천

**파채삼겹살 샐러드**

혼자만 먹기 아까워서 만든 양념파채로
오직 샐러가든에서만 먹을 수 있어요:D

· 가게배달도 무료 : **14,500원**

**비밀소스 육회 샐러드**

(사장님찐추천) 진짜믿고드셔보세요
먹는 순간 혀에 감기는 비밀육회소스

· 가게배달도 무료 : **14,400원**

**그릴드닭가슴살 샐러드**

'와, 닭가슴살도 맛있을 수도 있구나..'
운동은 먹는 것까지 운동인거 아시죠

· 가게배달도 무료 : **12,500원**

사장님 추천

**두부가득 오운완도시락**

노릇노릇 기름에 구워 쫄깃쫄깃한 두부
한끼 단백질을 건강하게 책임질게요:D

· 나눔기부실천가게 : **10,500원**

직접 추천한 메뉴 모음 그룹

배민 통계에서 '메뉴 순위'에 보면 내 가게에서 가장 잘 팔리는 1~10위 메뉴를 알 수 있다. 이 통계에서의 메뉴와 내가 추천하는 메뉴를 약 10가지

정도 구성해서 '사장님 추천 메뉴(제가 먹어도 맛있어요ㅎ)' 그룹을 하나 따로 만드는 것이다. 그다음 그룹의 최상단으로 올려라. 그럼, 고객이 매장을 클릭했을 때 그룹명을 보고 '사장님 추천 메뉴들만 모아놓은 거 같고, 거기에 맛있다고까지 하네?'라고 느끼며 추천 그룹 안에서 메뉴 선택 확률이 높아진다. 실제 샐러가든 본점에서도 '사장님 추천 메뉴(제가 먹어도 맛있어요ㅎ)' 그룹 내에서 추천된 메뉴들이 주로 들어온다. 이 메뉴들이 궁금하다면 배달의민족 검색창에 '샐러가든'이라고 검색해서 참고해 보길 바란다. 이런 식의 '최상단 활용' 전략은 배달앱 내 정말 많은 다양한 부분에서 전략적으로 활용할 수 있다.

샌코치가 말하는 성장 비법

## 모든 '전략'은 고객에게서 나온다

'항상 고객의 관점에서 사물을 봐라.'라는 월마트 창립자, 샘 월튼의 말처럼 나 역시 고객의 관점을 통해 얻은 전략과 노하우가 정말 많다. 항상 고객의 입장에서 생각하고, 고객이 되어보고, 역으로 생각하는 습관을 기르는 것이 중요하다. 다시 한번 강조하지만, 정답은 '고객'에 있다.

# 03

# 객단가 올리는
# 가장 효과적인 두 가지 방법

"좋은 세트는 고객에게 '선택의 수고'를 대신해 주는 배려다."

하워드 슐츠

## 객단가를 위한 '세트 메뉴' 만들기의 본질

배달장사에서 객단가가 중요한 이유는 앞서 간략하게 설명했다. 한 번의 주문 안에서 '배달비'라는 고정비가 차지하는 비율을 최대한 낮추기 위해서다. 메뉴 하나라도, 옵션 하나라도 더 묶어 객단가를 높이는 건 정말 중요하다. 이런 이유에서 사장이라면 고객의 '심리'를 정확히 파악해 하나라도 더 담게 만드는 전략을 끊임없이 고민해야 한다. 결국 이 심리 싸움에서의 승패가 장사의 성패를 갈라놓을 정도로 '객단가 만들기'는 장사에 있어서 핵심이다.

대표적인 객단가 상승 전략으로는 '세트 메뉴'를 구성하거나 '메뉴 1개 주문 시 사이드 할인', '사이즈 업그레이드', '묶음 판매', '토핑 추가' 등 다양한 업셀링(up-selling) 방식이 있다.

하지만 세트 메뉴 구성에도 주의 사항이 있다. '세트 메뉴는 조금이라도 객단가를 높이기 위한 전략'인데 이를 놓치는 경우가 많다. 나 역시 초창기에는 그저 '세트 메뉴는 필수'라는 말만 듣고 아무런 고민 없이 세트를 구성했다. 그러나 정작 만들어 놓고 보니, 그 세트의 객단가가 카페 업종 평균 객단가에도 못 미쳐 오히려 객단가를 낮추고 있었다. 보통 카페의 평균 객단가는 1만 원 후반대에서 2만 원 초반대인데 그 이하라면 세트를 구성한 의미가 사라지는 것이다.

세트 구성 시에는 가격만 묶는 것이 아니라 실제 객단가 상승에 도움이 되는 조합인지 반드시 계산해야 한다. 구성에 따라서는 세트가 오히려 객단가와 마진을 낮추는 결과를 만들 수 있다.

**잘못된 세트 구성 예시**

샌드위치: 8,000원

아메리카노: 3,000원

세트 할인: 500원

_____

총 세트 금액: 10,500원

이렇듯 세트 메뉴를 만든다면, 반드시 평균 객단가에 가깝게, 혹은 그 이상의 구성을 조합하는 게 중요하다.

### 적절한 세트 구성 예시 1

샌드위치: 8,000원

샐러드: 13,000원

세트 할인: 500원

─────────────────

총 세트 판매가: 20,500원

### 적절한 세트 구성 예시 2

연인 세트: 샌드위치1 + 샐러드1 + 음료2 (예상 객단가 : 28,000~30,000원)

패밀리 세트: 샌드위치1+샐러드1+사이드1+음료3(예상 객단가: 38,000~40,000원)

금액이 커질수록 할인가 역시 1,000원, 1,500원 이상 커지면 세트 구매의 확률 역시 커진다. 실제로 고객 중에는 단품별 총합과 세트 가격을 계산해 보는 사람도 많다. 이때 500원이라도 할인된 금액이 보이면, 세트 구매로 마음이 기울 수밖에 없다.

또 하나의 팁은, 고객이 계산하기 이전에 '할인'을 시각적으로 강조해 주는 것이다. 예를 들어, '샌드위치 샐러드 세트(1,000원 할인)'처럼 세트명 옆에 괄호를 활용해 할인을 명시하는 것이다. 이 작은 표시 하나가 고객의 세트 구매 욕구를 자극하고, 결국 객단가 상승까지 이어진다.

## '나만의 옵션그룹 만들기'로 객단가 올리기

하루는 객단가를 더 높일 방법을 고민하다가 문득 좋은 아이디어가 떠올랐다. 그 시작 역시 '선입견'과 '고정관념'을 깨는 데서 출발했다. 그만큼 기존에 가지고 있는 생각을 깨는 게 정말 중요하다는 말을 다시 한번 강조하고 싶다.

우리는 보통 '옵션그룹'을 만들 때 해당 메뉴에 어울리는 옵션만 넣는다. 예를 들어, 샌드위치 메뉴라면 '샌드위치 선택옵션'이라는 그룹 안에 '양상추 적게', '토마토 추가', '햄 2장 추가', '치즈 추가', '피클 빼주세요' 같은 구성을 넣는다. 그런데 나는 문득 이런 생각이 들었다. '꼭 그 메뉴에 어울리는 옵션만 넣어야 할까?', '그냥 내가 팔고 싶은 걸 옵션으로 넣으면, 객단가도 자연스럽게 올라가지 않을까?'

그렇게 해서 탄생한 것이 바로 '나만의 옵션그룹 만들기'다. 실제로 '나만의 옵션그룹'은 샐러가든 본점에서 '맛있는 메뉴만 모아놨어요[진짜믿고드셔보세요]'라는 옵션그룹명으로 활용되고 있다. 이 그룹은 샌드위치 메뉴에도 함께 들어가 있다. 이 옵션의 종류를 보면 놀랄 정도로 샌드위치와는 전혀 무관한 '내가 추천하는 메뉴들'로만 만들었다.

맛있는 메뉴만 모아놨어요 [진짜믿고드셔보세요]

선택

최대 8개 선택

**많이 팔렸어요**

☐ '수제소스' 들기름메밀면 추가[진짜믿고드셔보세요_5가지재료배합으로 맛나요    **+4,000원**

☐ 양송이크림스프추가(양송이가득)    **+5,000원**

☐ '비밀소스' 육회90g 추가(소스뿌려나가요)    **+7,000원**

☐ 클럽샌드위치 [주문수 1위]_시그니처    **+9,500원**

☐ 통새우칠리샌드위치 [주문수 2위]    **+9,900원**

☐ 모짜카야토스트 [주문수 3위]    **+4,900원**

☐ 매콤통통 감자튀김 + 캐찹 2개 (양진짜많아요)    **+5,400원**

☐ 가라아게순살치킨 5개 (실패없는선택)    **+4,900원**

☐ 꼬치없는 소떡소떡 (떡4개/소시지3개) _ 양념치킨소스    **+3,900원**

☐ 산미없는 고소한 '아이스 아메리카노'    **+3,900원**

배달의민족 '나만의 옵션그룹'

맛있는 메뉴만 모아놨어요 [진짜믿고드셔보세요...

☐ '수제소스'들기름메밀면 추가[진짜믿고드셔보세요_5가지재료배합으로 맛나요 (+4,000원)

☐ 양송이크림스프추가 (양송이가득) (+5,000원)

☐ '비밀소스' 육회90g 추가 (소스뿌려나가요) (+7,000원)

☐ 클럽샌드위치 [주문수 1위] 시그니처 (+9,500원)

☐ 통새우칠리샌드위치 [주문수 2위] (+9,900원)

☐ 모짜카야토스트 [주문수 3위] (+4,900원)

☐ 매콤통통 감자튀김 + 케찹 2개 (양진짜많아요) (+5,400원)

☐ 가라아게순살치킨 5개 (실패없는선택) (+4,900원)

☐ 꼬치없는 소떡소떡 (떡4개/소시지3개)_양념치킨소스 (+3,900원)

☐ 산미없는 고소한 '아이스 아메리카노' (+3,900원)

쿠팡이츠 '나만의 옵션그룹'

여기서 중요한 건,

## 1. 옵션 개수는 10개 이내로 제한하라.

– 너무 많으면 오히려 다른 옵션 선택을 방해할 정도로 복잡해 보인다.

## 2. 옵션 순서 역시 중요도 순인 '판매 우선순위'대로 배열하라

– 가게에서 가장 밀고 싶은 옵션이나 메뉴일수록 위쪽에 배치해야 고객
의 구매 행동을 더 쉽게 유도할 수 있다.

## 3. 각 옵션 순서마다 반드시 '의도'가 있어야 한다.

– 아래는 실제 구성의 의도를 순대대로 정리한 것이다.


옵션그룹명 : '맛있는 메뉴만 모아놨어요. [진짜믿고드셔보세요]'

1) 옵션으로도 팔고 싶은 만큼 가게에서 가장 맛있는, 가장 밀고 있는 메뉴

2) 겨울 기준, '스프'는 주문마다 가장 많이 나가는 메뉴 중 하나다

3) 옵션으로도 팔고 싶은 만큼 두 번째로 밀고 싶은 메뉴

4) 가게에서 가장 잘나가는 샌드위치 '주문수 1위'

5) 가게에서 두 번째로 잘나가는 샌드위치 '주문수 2위'

6) 가게에서 가장 잘나가는 디저트 중 주문수 1위

7) 대중적이고 어디에나 끼워 먹기 좋은 사이드 메뉴 1

8) 대중적이고 어디에나 끼워 먹기 좋은 사이드 메뉴 2

9) 대중적이고 어디에나 끼워 먹기 좋은 사이드 메뉴 3

10) 음료 주문의 90%를 차지하는 대표적 음료 '아이스 아메리카노' 필수

여기서도 놓쳐선 안 되는 게 반드시 메뉴 옆에 소비자 구매 유도를 위한 '후킹 멘트'가 중요하다. 소비자가 신뢰를 느낄만한 문구들로 고객을 사로잡아야 한다.

예시)
'진짜믿고드셔보세요', '양송이가득',
'양진짜많아요', '배민 통계 주문수 1위',
'배민 통계 주문수 2위'

최종적으로 '나만의 옵션그룹'에서 가장 중요한 건 두 가지다.

1) 메뉴의 옵션그룹에서 가장 최상단에 노출시키는 것
2) 전혀 관련 없는 메뉴인, 심지어 리뷰이벤트 '옵션'에다가도 이 '나만의 옵션' 을 넣어주는 것

이 두 가지가 핵심이다.

실제로 영수증을 보면 이런 사례가 많다.

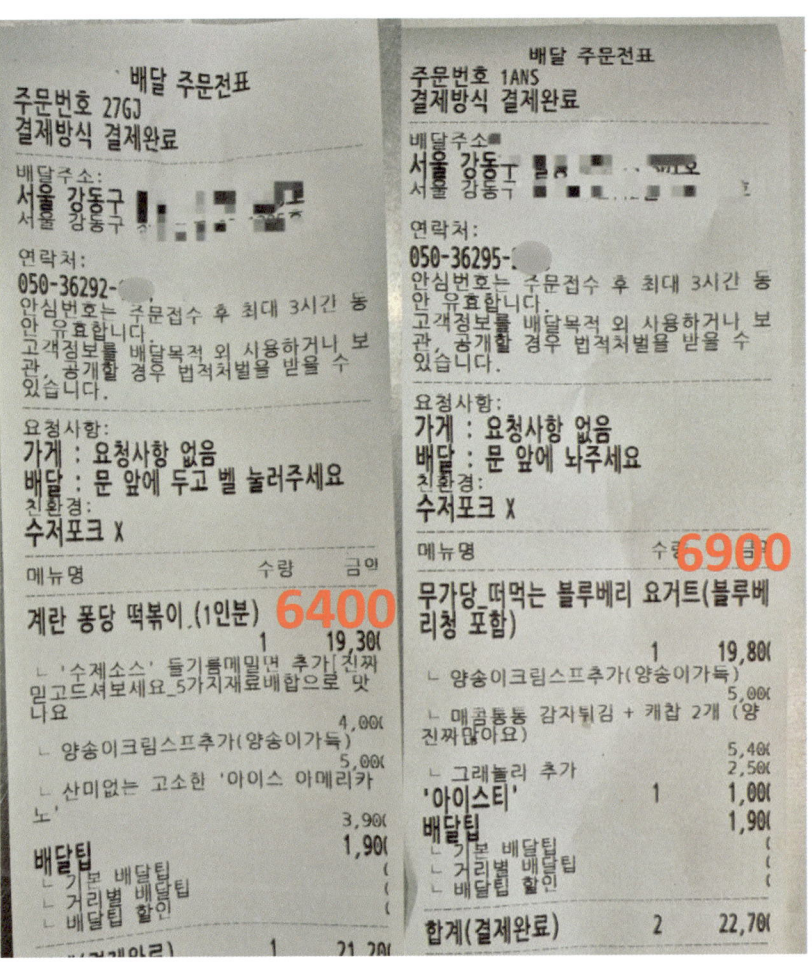

**배달 주문전표**

주문번호 27GJ
결제방식 결제완료
배달주소:
서울 강동구
서울 강동구
연락처:
050-36292-
안심번호는 주문접수 후 최대 3시간 동
안 유효합니다.
고객정보를 배달목적 외 사용하거나 보
관, 공개할 경우 법적처벌을 받을 수
있습니다.
요청사항:
가게 : 요청사항 없음
배달 : 문 앞에 두고 벨 눌러주세요
친환경 :
수저포크 X

| 메뉴명 | 수량 | 금액 |
|---|---|---|
| 계란 퐁당 떡볶이.(1인분) | 1 | 19,30( |
| └ '수제소스' 들기름메밀면 추가[진짜 믿고드셔보세요_5가지재료배합으로 맛 나요 | | 4,00( |
| └ 양송이크림스프추가(양송이가득) | | 5,00( |
| └ 산미없는 고소한 '아이스 아메리카 노' | | 3,90( |
| 배달팁 | | 1,90( |
| └ 기본 배달팁 | | ( |
| └ 거리별 배달팁 | | ( |
| └ 배달팁 할인 | | ( |
| [김치일] | 1 | 21,20( |

**6400**

떡볶이 6,400원의 객단가 마법

**배달 주문전표**

주문번호 1ANS
결제방식 결제완료
배달주소:
서울 강동구
서울 강동구
연락처:
050-36295-
안심번호는 주문접수 후 최대 3시간 동
안 유효합니다.
고객정보를 배달목적 외 사용하거나 보
관, 공개할 경우 법적처벌을 받을 수
있습니다.
요청사항:
가게 : 요청사항 없음
배달 : 문 앞에 놔주세요
친환경 :
수저포크 X

| 메뉴명 | 수량 | 금액 |
|---|---|---|
| 무가당 떠먹는 블루베리 요거트(블루베 리청 포함) | 1 | 19,80( |
| └ 양송이크림스프추가(양송이가득) | | 5,00( |
| └ 매콤통통 감자튀김 + 케챱 2개 (양 진짜많아요) | | 5,40( |
| └ 그래놀라 추가 | | 2,50( |
| '아이스티' | 1 | 1,00( |
| 배달팁 | | 1,90( |
| └ 기본 배달팁 | | ( |
| └ 거리별 배달팁 | | ( |
| └ 배달팁 할인 | | ( |
| 합계(결제완료) | 2 | 22,70( |

**6900**

요거트 6,900원의 객단가 마법

### 떡볶이(6,400원) 주문 고객이 '나만의 옵션'을 통해 주문한 영수증

떡볶이(6,400원)

+ 메밀면(4,000원)

+ 스프(5,000원)

+ 아메리카노(3,900원)

_____

총 금액 19,300원


### 요거트(6,900원) 주문 고객이 '나만의 옵션'을 통해 주문한 영수증

요거트(6,900원)

+ 스프(5,000원)

+ 감자튀김(5,400원)

+ 아메리카노(3,900원)

_____

총 금액 21,200원


이처럼 6,400원이 19,300원으로, 6,900원이 21,200원으로 바뀌는 순간을 직접 보게 된다. 여러분도 꼭 '나만의 옵션그룹'을 적용해서 조금이라도 '객단가'를 올릴 수 있는 계기가 되었으면 좋겠다.

## 전 메뉴 '2개(500원 할인)'으로 객단가 올리기

배달의민족에는 쿠팡이츠에는 없는 유용한 기능이 하나 있다. 바로 '메뉴 · 옵션 관리' → '가격 변경' → '가격 추가' 기능이다. 이 기능을 활용하면 한 메뉴 안에서 최대 20개까지 가격을 다르게 설정할 수 있다. 왼쪽 공란에는 보통 수량이나 그램 수, 인분 수를 적고, 오른쪽에는 그에 해당하는 가격을 입력하는 방식이다. 나는 이러한 방식을 객단가를 조금이라도 높이기 위한 전략 중 하나로 활용하고 있다.

배달의민족은 꾸준히 업데이트되면서 배달앱 내 많은 곳에서 자극적인 문구나 홍보성 문구들을 제한하고 있다. '리뷰', '이벤트', '할인', '무료' 등의 문구를 설명글이나 구성글, 메뉴명에 적을 수 없지만 유일하게 적을 수 있는 곳이 있다. 바로 '가격 추가' 칸이다.

그래서 나는 이렇게 설정한다.

1. 첫 번째 왼쪽 칸에는 '가게 배달도 무료'라는 후킹 문구와 함께 1개일 때의 가격을 오른쪽에 입력한다.

예시) '가게 배달도 무료' 9,000원

2. 두 번째 왼쪽 칸에는 '2개(500원 할인)'이라는 할인 문구와 함께 2개 가격에서 500원 할인된 가격을 넣는다.

예시) '가게 배달도 무료' 9,000원

'2개(500원 할인)' 17,500원

**'비밀소스' 육회들기름메밀면**

(사장님찐추천) 진짜믿고드셔보세요
소스재료만 5가지배합으로 맛있어요

· 가게배달도 무료 : **14,900원**
· 2개(500원할인) : **29,300원**

리뷰 **431**

인기 2위

**'반개도 배부른' 클럽샌드위치**

[넘사벽 주문1위] 샐러가든 대표메뉴
반개만 드셔도 100% 배부른 뚱드치

· 나눔기부실천가게 : **9,500원**
· 2개(500원할인) : **18,500원**

리뷰 **135**

할인을 통한 객단가 상승 전략

여기서 핵심은 '500원 할인'이라는 문구에 있다. 많은 사장님은 단순히 '2개', '200g', '2인분', '2세트'만 적지만 혜택이 있으면 반드시 고객에게 티를 팍팍 내야만 한다. 소비자는 혜택이 눈에 보여야 움직인다. 그래야만 한 개만 사려다가도 두 개를 살 '확률'이 올라가는 것이다.

장사는 결국 확률 싸움이다. 우리가 할 일은 고객이 '1번이라도 더 클릭할 가능성'을 최대치로 열어두는 것이다. '500원'을 깎는 건 손해가 아니라 투자다. 말 그대로 500원이라는 살을 내주고, 주문이라는 뼈를 취하는 전략이다. 실제로 이렇게 설정해 두면 '2개(500원 할인)' 주문이 생각보다 많이 들어온다. 음료까지 포함해 모든 전 메뉴에 '2개(500원 할인)'을 적용하면 객단가 상승 효과가 확실하게 나타난다.

**샌코치가  말하는  성장 비법**

## 매력적인 조합과 설계를 만들어라

국밥 한 그릇 먹으러 갔다가, 정식으로 바꾸고, 결국 소주 한 병까지 곁들이게 되는 경험, 누구나 한 번쯤은 있을 것이다. 소비자는 처음엔 '한 그릇만 먹어야지.'라고 생각한다. 하지만 그 한 끼 안에서 '조금 더… 하나만 더…'를 이끌어내는 것, 이것이 바로 장사의 기술이다.

# 04

## 밤 영업으로
## 최고의 수익을 올려라

"세상은 낮에 떠들지만, 운명은 밤에 결정된다."

나심 니콜라스 탈레브

### 모든 역사는 밤에 이루어진다

샌드위치 · 샐러드 업종, 특별한 성공 공식이 있을까? 샌드위치 · 샐러드만 갖는 그런 특별한 성공 비법은 사실 존재하지 않는다. 지금껏 내가 알려준 모든 내용 역시 무조건적인 성공을 보장하지는 못한다. 그저 여러분의 '노력'에 조금의 도움이 될 뿐이다. 다시 말하면, 결국 여러분의 '노력'이 없다면 내가 알려준 노하우나 전략은 별 효과가 없다는 의미이기도 하다.

스타강사 이지영 강사는 '노력'을 이렇게 말한다.

"남들이 하는 만큼 하는 노력은 노력이 아니에요. 노력이라는 건 남들이 하는 만큼 다 하고, 그것보다 조금 더 했을 때 '그때'부터가 진짜 노력입니다."

대한민국 자영업자라면, 샌드위치 · 샐러드 사장님이라면 누구나 '노력'이라는 걸 한다. 단지 저마다의 노력이 다 다를 뿐이다. 누구는 9시부터 6시까지 일하는 것도 노력이고, 누구에게는 하루에 12시간 근무하는 것도 노력인 것이고, 또 누구에게는 하루에 15시간을 일하고 가게에 남아서 한두 시간이라도 더 공부하는 것도 노력이다. 주변만 봐도 '열심히 하지 않는 사장님'이 없을 정도다. 모두가 치열하게 열심히 살고 있다. 하지만 '노력'이라는 건 절대적인 게 아닌 상대적이라는 걸 인정해야 한다. 경쟁 매장을 이기는 방법도 사실 어려울 게 없다. **경쟁 매장보다 한 시간이라도 더 일찍 열고, 한 시간이라도 더 늦게 닫고, 10g이라도 더 주고, 500원이라도 더 저렴하고, 500원이라도 더 할인하고, 1분이라도 더 빨리 보내고, 1%라도 더 친절하면 된다.** 이런 쉬운 공식도 대다수 사장님이 할 수 없는 이유는 저마다 정해진 '노력 총량'이 모두 다르기 때문이다. 결국 내가 성장할 수 있는 유일한 길은 '남들이 일할 때 일하고, 남들이 잘 때도 일하는 것' 이것 말고는 없다.

나는 야간 영업을 할 수 있는 것도 '재능'이라고 생각한다. 24시간 영업은 해본 사람만이 그 힘듦과 고단함을 알 수 있기 때문이다. 야간 영업은 아무나 할 수 있는 쉬운 일이 아니다. 의지와 끈기, 정신력이 없으면 절대 할 수 없는 게 야간 영업이다. 하루이틀로 끝나는 게 아닌 최소 한 달, 길게는 6개월 정도 꾸준히 할 수 있는 사람은 드물다. 간혹 야간 영업을 '낮에 안 되니까 밤이라도 버티는 거지.'라고 하거나 '밤 새면 매출 나오는 건 누구나 하지.'라며 비꼬거나 폄하하는 사람이 있다. 이런 사람은 스스로가 야간 영업을 시도조차 할 수 없는 사람들이다.

야간 영업은 더 많은 기회를 얻기 위해 자신의 한계를 테스트해보는 경험 정도로 도전한다면 분명 소중한 경험이 될 것이다. 앞서 말했지만 '24시간'이라는 시간 안에는 분 단위, 초 단위 마다 모든 고객이 숨어 있다. 우리는 이 모든 고객을 만나야만 한다. 이러한 경험을 할 수 있는 게 바로 24시간 영업이다. 사장이라면 한 번쯤은 꼭 해봐야 하는 경험이다. 24시간 영업은 분명 여러분에게 더 많은 기회를 열어줄 것이다.

나 역시 가장 빠른 성장을 했던 시기가 오픈 6개월이 지나고 24시간 영업을 했던 시점이었다. 24시간 영업을 통해 매출도 4천만 원에서 8천만 원으로 2배 이상 급격히 성장했다. 처음엔 배달을 24시간 켜놓고 야간에는 토핑 냉장고 앞에 요가 매트를 깔아 놓고 잠을 잤다. 쪽잠을 자다가 주문이 울리면 주문을 빼고 다시 잠을 자고를 반복했다. 사실 이렇게 하면 수면의 질이 정말 안 좋아진다. 물론 낮에 잠을 대여섯 시간 자지만 피로가 쌓여 몸이 굉장히 피로하고 항상 몽롱한 상태로 하루를 보내게 된다. 나중에 되어서는 요가 매트에 누우면 맨바닥에서부터 일어나는 것조차 힘들어서 허리쯤 오는 조리대 위에서 잤다. 높은 곳에서 자면 그나마 내려올 때 편하게 내려올 수 있어서였다. 심지어 겨울에는 가게 안이 너무 추워서 전기매트를 연결해서 이불을 펴놓고 자면서 주문을 받았다. 솔직하게 말하면 전기매트 온도에 너무 깊게 잠이 들어 주문을 못 듣기도 했다. 조리 시간이 다 지나서야 기사님이 깨워주셔서 부랴부랴 얼굴이 빨개진 채로 "빨리 해드릴게요 기사님! 너무 죄송합니다."라고 말씀드린 경우도 있었다. 이런 노력으로 6개월을 보내고 여름이 돼서야 목표했던 '월매출 1억'을 달성할 수 있었다.

야간 24시간 영업할 때

## 야간 영업의 장점 활용하기

'돈은 밤에 버는 것이다.'

가장 쉽게, 가장 많은 돈을 벌 수 있는 시간이 바로 야간이다. 보통 밤이 되면 문을 여는 가게가 많지 않다. 디저트 카페 몇 곳이 영업 중일 수는 있지만, '샌드위치·샐러드 전문점'은 거의 찾아보기 어렵다. 다시 말해, 내가 그 시간에 문을 열어두기만 해도 경쟁이 사라진다는 뜻이다. 야간에는 경쟁 매장이 거의 없기 때문에 굳이 광고나 할인에 돈을 쓸 필요도 없다. 그저 문을 열어두는 것만으로도 고객의 선택지가 '내 가게 하나'로 좁혀지기 때문에 고객 입장에서는 더 이상 다른 가게를 고를 수 있는 '선택권'이 없어지는 것이다.

낮에는 경쟁이 치열하기 때문에 '우리가게클릭(우가클)', '할인 쿠폰', '즉시 할인' 같은 프로모션을 켜놓고 울며 겨자 먹기로 출혈을 감수해야 한다. 하지만 밤에는 다르다. 모든 광고나 혜택을 잠시 'OFF'해도 괜찮다. **야간에는 광고보다 존재 자체가 경쟁력이 되기 때문이다.**

심지어 야간에는 배달팁까지 시간대별로 500~1,000원까지 더 받을 수도 있다. 그리고 그래야만 한다. 굳이 그럴 필요까지 있냐고 할 수 있겠지만, 배달대행사도 야간에는 500원의 추가 요금을 받는다. 그렇다면 매장에서 고생하는 사장에게도 야간 수당이 있어야 하지 않겠는가. 그래서 나는 매일 밤 11시가 되면 '즉시 할인 1,000원', '첫주문할인 쿠폰 2,000원'부터 끄고, 최소 주문 금액도 조금 올린다. 배달비도 1,000원을 추가 설정한다. 낮의 비정상적인 광고·할인 지출을 밤에서만큼은 그나마 정상적으로 되돌려 '야간 수당'이라는 명목으로 받아도 된다고 생각한다.

'그럼 주문이 끊기지 않을까?'라고 생각할 수도 있겠지만, 지금 이 순간 노트북 앞에서 글을 쓰고 있는 새벽 02:36에도 주문이 계속 들어온다. 글을 써야 하는데 계속 주문이 들어와서 주문 빼느라 잠깐씩 앉았다 쓰고, 또 다시 주문이 울리면 빼고 이렇게 원고를 채워나가고 있다. 이렇듯 야간 영업은 체력적으로 조금 힘들다는 단점 하나를 제외하면, 백 가지 이상 장점을 말할 수 있는 시간대이다. 야간 영업을 통해 수익은 수익대로 올리고, 매출은 매출대로 올리는 동시에 자기 계발까지 할 수 있는 일석삼조의 효과를 얻길 바란다.

# '주(主)와 부(副)'의 개념을 바꿔라!

야간 영업 도전이 두려운 사람들은 '마인드'를 한번 바꿔보면 좋다. 낮에는 당연히 영업이 '주'라면, 밤에는 다르게 한번 생각해 보는 것이다. 주(主)는 '자기 계발'과 '배달앱 공부', 부(副)는 '영업'이라고 생각하면 야간 영업을 더 의미 있게 보낼 수 있다.

# 05

## 단체 주문은
## '행동하는 사장'에게만 들어온다

### 단체 주문을 받기 위한 장치들

샌드위치·샐러드 업종에서 단체 주문은 한 번에 많은 수익을 낼 수 있는, 마진이 가장 좋은 주문이다. 보통은 예약이나 약속을 통해 주문하기 때문에 미리 준비할 수 있고, 많게는 몇백 개씩 주문이 들어오는 경우도 있어 효자 주문으로 통한다. 특히 단체 주문은 부족한 하루 매출을 채워주기도 하고, 낮은 매출에 우울한 나를 위로해 주거나 최고 매출을 달성하는 데 큰 역할을 하기도 한다. 이처럼 장점만 가득한 단체 주문을 잘 받는 데는 많은 노하우와 장치들이 있다.

많은 사장님이 묻는다.

"단체 주문은 어떻게 하면 많이 받을 수 있어요?"
"저희는 단체가 너무 안 들어와요."

지금부터 내가 직접 써온 방법들을 공개한다. 아래 내용을 실천하고 내 가게에 하나씩 적용해 가면 단체 주문이 점차 들어오기 시작할 것이다.

### 1. 동네 병·의원 전단지 돌리기

'전단지 돌리기' 하면 흔히 역 앞에서 돌리는 불특정 다수에게 전단을 나눠주는 장면을 떠올린다. 그러나 이런 방식은 인풋 대비 아웃풋의 효과가 그리 크지 않다. 핵심은 불특정 다수에게 돌리는 게 아닌 정확한 '타깃'을 설정해서 '특정 소수'를 공략해야 한다는 것이다. 그중 가장 효과가 확실한 건 바로 동네에 있는 '병·의원'을 공략하는 것이다.

샌드위치·샐러드의 주 고객층은 20~40대 여성이다. 이 연령대가 가장 밀도 있게 모여 있는 곳이 바로 '병·의원'이다. 물론 필라테스나 요가 학원, 네일샵 등 다른 곳도 있지만 대부분 1인 사업장이라 주문 금액이 낮아 객단가 측면에서 불리하다. 때문에 전단지 돌리는 노력 대비 강력한 효과를 보기는 어렵다. 반면 '병·의원'은 옛날부터 이어져 온 '1인 의사·1인 간호사'가 아니고서야 요즘은 대부분 규모가 커서 간호사 인원이 최소 5명에서 많게는 10명 이상인 곳도 많다. 이렇듯 병·의원은 한번 주문할 때 최소 5만 원 이상의 '작은 단체 주문'이 많은 곳이다. 즉 병·의원은 우리가 공략해야 하는 '주 고객층'이 가장 많이 몰려 있는 곳으로 전단지를 돌렸을 때 가장 큰 효과를 볼 수 있는 곳이다.

주의 사항도 있다. 병원은 크게 종합병원, 준종합병원, 의원 이렇게 세 종류로 나뉜다. 우리가 흔하게 볼 수 있는 동네에 있는 병원을 보통 '의원'이라고 부르는데 우리는 종합병원, 준종합병원이 아닌 동네에 있는 '병·의원'만

공략하면 된다. 이유는 '카드' 권력에 있다. 보통 종합병원이나 준종합병원은 '교수'나 '과장' 등의 직책으로 불리는 월급을 받는 '페이닥터'가 대다수다. 반면 동네 '병·의원'은 규모가 크든 작든 병원장이 마치 우리와 같은 사장으로서 '카드'를 갖고 있는 사람이기 때문에 직원들의 식사를 '병원장 카드'로 결제하는 경우가 많다.

이런 이유에서 전단지를 돌릴 땐 반드시 병원을 공략하되, 동네에 있는 병원인 '의원'을 주로 공략해야 한다는 것이다.

전단지를 만들 땐 반드시 양면으로 제작한다.

1) 한쪽 면에는 전체 메뉴판,
2) 다른 한쪽 면에는 '후킹 문구'를 넣는다.

예를 들어, '무료 배달', '10% 할인', '사이드 메뉴 서비스', '캔 음료 서비스' 등 시킬 수밖에 없는 혜택을 명확하게 적는다.

전단지를 병원에 직접 전달할 때는 반드시 이렇게 말한다.

"샌드위치 가게 '오픈'했습니다."
"혜택도 많습니다."

여기서 중요한 포인트는, 가게가 오래되었더라도 꼭 '오픈했습니다.'라는 표현을 사용하라는 것이다. 이 한마디로 '오, 새로 생긴 가게인가?'라는 호기심을 불러일으킬 수 있다.

단체 주문은 보통 카드 결제로 진행되어 배달 주소 확인이 가능하다. 하루 전단지 10곳을 돌리면 그중 1~2곳은 당일에 바로 주문이 들어왔다. '10곳이나 돌렸는데 1~2곳밖에 안 들어와?' 생각할 수도 있겠지만 10~20%라는 수치는 배달앱에서도 평균 이상의 주문율을 갖는 높은 수치다. 더구나 그날 주문이 안 들어오더라도, 며칠 후 반드시 한 번은 시키는 경우가 많았다.

오픈 초기 급격한 성장을 원한다면, 조금은 아날로그적이고 부끄럽게 느껴질 수도 있지만 효과만큼은 가장 확실한 방법이다. 특히 매장이 한가한 아침 식사 시간 이후나 2시부터 4시 사이에 전단지를 들고 무조건 병원으로 가자. 나 역시 인천에서도, 본점에서도, 2호점에서도 모두 전단지를 돌렸다. 매장에 가만히 있는다고 절대 주문이 저절로 들어오지 않는다. 주문을 만들려면 반드시 사장이 움직여야 한다. 단체 주문은 '운'이 아니라 '행동'에서 나온다. 돈이 되는 곳을 찾아 움직여라. 그것만이 단체 주문을 만드는 첫걸음이다.

## 2. 배달앱 내 리뷰 배너 가장 상단에 '단체 주문 배너' 걸어놓기

리뷰 배너란, 고객이 배달앱에서 리뷰 창을 클릭했을 때 맨 위에 보이는 대표 사진을 의미한다. 예를 들어, 배달의민족에서는 최대 3장의 리뷰 배너를 등록할 수 있는데, 이때 첫 번째 사진만 고객에게 먼저 노출된다. 직접 배민 앱을 열어 리뷰 창을 눌러보면, 세 장 중 첫 번째 사진의 윗부분 2/3만 화면에 흐릿하게 보이는 구조임을 알 수 있다.

배달의민족 리뷰 관리 실제화면

이 구조를 이해하면 답은 간단하다. 리뷰 창을 클릭한 고객에게 '우리 가게는 단체 주문을 받고 있습니다.', '단체 주문 시 특별 혜택을 드립니다.' 같은 메시지를 첫 번째 리뷰 배너 이미지 안에 명확히 담아야 한다.

앞서도 말했지만, 소비자들은 어떤 정보를 보기 위해 '한 번 더 클릭'하는 행동을 잘 하지 않는다. 따라서 리뷰 창 첫 화면에서 노출되는 영역 안에 모든 핵심 메시지를 담는 것이 중요하다. 이미지 일부만 보인다면, 보이는 만큼만이라도 메시지를 전달해야 한다는 의미다.

이러한 리뷰 배너 이미지는 '브이웍스'같은 배달앱 전문 디자인 플랫폼을 통해 쉽게 제작할 수 있다. 비용은 약 7만 원에서 10만 원 정도이며, 수백 개의 템플릿 중 원하는 디자인을 고르고 문구만 변경 요청하면 빠르게 완성된다.

제작 시 반드시 다음 요소를 포함하자.

1) 핵심 문구: '단체 주문 이벤트', '단체 주문 환영'
2) 후킹 문구: '10% 할인', '캔 음료 무료 제공', '무료 배달' 등

이 문구는 굵고 눈에 잘 띄는 글씨나 빨간색 포인트로 강조하면 좋다.

### 3. 배달앱 '그룹 설명글'에 '가게 전화번호 및 후킹 문구' 적어놓기

배달의민족의 경우 '주문 안내글', '가게 설명글', '사장님 공지란' 등에 개인 정보가 될 수 있는 '가게 전화번호'나 '무료 배달', '광고', '홍보', '이벤트', '할인'과 같은 후킹 문구를 쓸 수 없게 제한하고 있다. 빨간 글씨로 '~와 같은 문구는 적을 수 없습니다.'라는 경고 안내가 나온다. 이러한 내용이 발각되면 반려되거나 취소된다. 업데이트가 지속될수록 어플 내 규제가 더욱 강해지고 있는데 배달앱 내 유일하게 이런 문구들을 쓸 수 있는 곳이 바로 '메뉴 그룹의 설명글'이다.

| | |
|---|---|
| ← 샐러가든 메밀면육회&... ☐ Q 🛒 | ← 샐러가든 메밀면육회&... ☐ Q 🛒 |
| Q , 호박, 양파, 버섯) **샌드위치** 샐러드 대용 | Q 샐러드 **오운완(오늘운동완료)도시락** 치팅도 |
| **샌드위치** | **오운완(오늘운동완료)도시락** |
| 10만원 단체주문시 캔음료 증정／10%할인／배달비 무료 070. 언제어디서든 가게전화로 문의주세요:D | 10만원 단체주문시 캔음료 증정／10%할인／배달비 무료 070.1 언제어디서든 가게전화로 문의주세요:D |
| **햄에그샌드위치** | **두부가득 오운완도시락** |
| 부드러운 삶은 계란과 케챱의 조화로움 안 먹어본 사람은 있어도... 한번 먹은... | 노릇노릇 기름에 구워 쫄깃쫄깃한 두부 한끼 단백질을 건강하게 책임질게요:D |
| • 나눔기부실천가게 : **7,900원** | • 나눔기부실천가게 : **10,500원** |

| | |
|---|---|
| ← 샐러가든 메밀면육회&... ☐ Q 🛒 | ← 샐러가든 메밀면육회&... ☐ Q 🛒 |
| Q 뉴 토스트 **파스타 샐러드** 오운완(오늘운 | Q 볶이 요거트 **사이드메뉴** 토스트 파 |
| **파스타 샐러드** | **토스트** |
| 10만원 단체주문시 캔음료 증정／10%할인／배달비 무료 070., 언제어디서든 가게전화로 문의주세요:D | 10만원 단체주문시 캔음료 증정／10%할인／배달비 무료 070.1 언제어디서든 가게전화로 문의주세요:D |
| **참깨파스타 샐러드** | **모짜카야토스트** |
| 전국 어디에도 없는 샐러가든만의 메뉴 '참깨파스타' 정말 독특하게 맛있습니다 | 어른아이남녀노소 좋아하는 '카야잼' 샐러가든 대표 디저트 메뉴로 인기짱 |
| • 가게배달도 무료 : **12,500원** | • 가게배달도 무료 · **4,900원** |

모든 그룹 설명글에 '단체 주문 안내 멘트' 적어놓기

계속 강조하지만 결국 샌드위치 · 샐러드 업종의 주고객은 배달 고객인 만큼 '단체 주문의 수요' 역시 배달 고객을 통해 발생할 확률이 높다. 즉, '단체 주문의 고객이 곧 배달 고객'이라는 생각으로 배달앱 내 곳곳에 '단체 주문'에 대한 광고나 홍보를 많이 해야 한다. 나 역시 '첫 그룹 설명글'을 제외하고 '김치볶음밥 그룹', '떡볶이 그룹', '요거트 그룹', '사이드 메뉴 그룹', '토스트 그룹', '파스타 그룹', '오운완 도시락 그룹', '치팅도시락 그룹', '샌드위치 그룹', '샐러드 그룹', '포케 그룹', '음료 그룹'까지 모든 그룹 설명글에 단체 주문 메시지를 적었다. 손님들이 메뉴를 보기 위해 스크롤을 아래로 내릴 때마다 잘 볼 수 있도록 '그룹 설명글'에 이렇게 적어놓고 단체 주문을 홍보하고 있다.

10만 원 단체 주문 시 캔 음료 증정 / 10% 할인 / 배달비 무료 / 070.7808.xxxx
언제어디서든 가게전화로 문의주세요:D

### 4. 당근마켓 활용 및 각종 커뮤니티 활용하기

혹시 '당근마켓'이라는 이름의 의미를 아는가? 당근마켓은 처음 서비스가 시작될 때 '당신의 근처' 마켓이라는 뜻으로 만들어졌다. 즉, 이름부터가 '당신 근처'라는 키워드에서 출발했다는 의미다.

이 개념을 배달장사에 대입해보면 아주 명확하다. 배달에서도 우리의 핵심 고객은 멀리 있는 고객이 아니라, 매장 반경 1.5~2km 안에 있는 근거리 고객들이다. 즉, 당근마켓 고객층과 배달앱의 주요 고객층이 정확히 겹친다는 것이다. 그렇기 때문에 당근마켓은 단체 주문 홍보에 있어 매우 강력한 플랫폼이 된다. 당근에 글을 올리면, 가장 먼저 노출되는 대상이 바로 근처에 있는 고객이자 배달 가능 고객이라는 의미다.

당근마켓에는 '비즈 프로필' 기능이 있다. 말 그대로 가게 전용 계정을 만들어 운영하는 것이다. 이 계정을 통해 가게 소식, 신메뉴, 이벤트는 물론, 단체 주문 후기나 혜택 정보를 올릴 수 있다. 여기서 핵심은 인스타그램을 하듯이 꾸준히 당근 활동을 하는 것이다.

단체 주문 과정을 사진으로 찍어 올리고, 짧은 글로 그날의 주문 스토리

를 공유하는 것이다. 예를 들어,

아침 7시 40분까지 상일동에 있는 '삼성엔지니어링'으로 샌드위치 45개 단체 주문 가져다드렸습니다, 10% 할인 + 캔 음료 서비스! 반응도 최고였습니다ㅎㅎ

아침 일찍 새벽에도 언제든지 단체 주문 가능하니 연락 부탁드립니다:)
문의 전화 : 070 - 7808 - xxxx

이런 식으로 단체 주문뿐만 아니라 그 어떤 가게 소식이든 매일매일 올리면 된다. 어디에서 단체 주문을 했고, 몇 개를 주문했고, 할인은 몇 %인지, 서비스는 어떤 게 나갔는지, 고객 반응은 어땠는지, 당근에 사진과 함께 글과 단체 주문 정보를 남기는 것이다. 이 글을 본 주변 고객들은 프로필을 방문하고, 좋아요도 누르며 언젠가 단체 주문 고객으로 이어진다.

더 확실한 건 단체 주문을 받을 때마다 올린 글이 최상단 노출되도록 '광고'를 설정하는 것이다. 광고비는 보통 20,000원부터 최상단 노출이 시작되는데 동네 반경과 노출 범위를 설정해서 노출된 만큼 차감되는 방식이다. 광고를 활용하면 더 큰 노출 효과를 볼 수 있다.

단체 주문이 없을 때도 평소처럼 인스타그램을 하듯 글을 꾸준히 올리면 비즈 프로필 방문자 수가 꾸준히 증가하고, 가게 관련 글의 조회수도 점점 높아진다. 실제로 당근마켓은 하루 방문자 수와 노출 결과를 다음 날 바로 알려준다. 이처럼 당근을 활용하면 지역 내에서 브랜드 인지도를 키우는 데 효과적이다.

## 5. 기부 활동을 통해 입소문 내기

샐러가든 본점에서는 2년 넘도록 매달 주민센터에 '샌드위치+음료 세트' 40인분씩 기부 활동을 하고 있다. 기부를 하면 장점이 정말 많다. 우선 기부 활동이 시작되면 직접 이웃을 찾아가는 게 아닌 센터 내 봉사활동 팀을 통해 전달이 된다. 봉사자들은 주로 독거 어르신 안부 확인, 건강 체크 등을 위해 각 가정을 방문하는 분들이다. 이분들은 동네에서 많은 활동을 하는 분들로 다양한 모임 활동을 하거나 인맥이 넓다. 이분들의 입소문을 통해 가게 이미지도 좋아지고 자연스럽게 가게 홍보도 된다. 그뿐만 아니다. 이런 기부 활동이 지속되면 구청 기사나 지역 소식지에 소개되기도 한다. 행사에 초대받거나 구청장 표창을 받을 기회도 생긴다. 샐러가든 역시 '나눔가게'로 선정되어 구청장 표창도 받고, 강동구 전 가정에 배포되는 소식지 표지 모델로 실려 '첫 페이지'에서 홍보 효과를 누렸다.

이렇듯 기부 활동을 하면 전 구민들이 다 알 수 있도록 다양한 곳에서 알아서 홍보를 해준다. 이때 이런 소식을 배달앱이나 네이버플레이스, 인스타그램 등에도 함께 올리면, 또 한 번 소비자들은 우리 가게를 '착한 이미지, 신뢰할 수 있는 곳'으로 인식하게 된다. 결국 좋은 이미지는 단체 주문으로 이어질 확률이 높아진다.

샐러가든 본점 기부 활동 내용

    이러한 소식들이 학교, 주민센터, 종교 시설, 동호회 등 다양한 소모임에도 입소문이 나고, 이는 단체 주문으로 연결되는 경우가 많다. 여기서 핵심은 단체 주문이 처음 들어왔을 때의 기회를 절대 놓치면 안 된다는 것이다. 우리가 그들의 모임이나 오픈채팅방 같은 커뮤니티에 잠복해서 들어갈 수가 없기 때문이다. 이때 반드시 샌드위치 개수만큼 전단지를 함께 넣어야 한다. 주문을 주신 대표자에게는 '한 분씩 꼭 나눠주세요.'라고 정중하게 부탁을 전하는 것이 정말 중요하다.

이때도 단순한 전단지가 아니라, '다음 주문을 유도할 수 있는 장치'가 들어간 전단지여야 한다. 즉 전단지 뒷면에는 단체 주문 '후킹 문구'와 함께 각 배달앱의 QR코드를 반드시 삽입해야 한다.

예를 들어,

'단체 주문 10% 할인 / 캔 음료 서비스 / 무료 배달 혜택!'
'배달 주문'은 아래 QR코드 스캔하고 바로 주문하세요!

이렇게 하면 단체 주문을 한 그룹 내의 개별 고객이 다음에는 개인 주문 고객으로 이어질 확률이 높아진다. 단체를 한 번 받고 끝내는 것이 아니라, 그 안의 개인들이 또다시 주문하게 만드는 선순환 구조를 만드는 것, 바로 그것이 '끊기지 않는 단체 주문'의 핵심 전략이다.

샌코치가 · 말하는 · 성장 비법

## 단체 주문은 '운'이 아닌 '노력'의 결과다

5만 원 이상의 주문, 특히 금액이 커지고 단체 규모가 클수록 양과 서비스는 반드시 더 넉넉하게 제공해야 한다. 입이 많아질수록 칭찬은 배가 되고, 입소문은 더 넓게 퍼진다. 단체 주문은 절대 운으로 들어오지 않는다. 단체 주문은 사장이 직접 만들어내는 노력의 결과물이다.

# 06

## 배달앱을 읽어내는 사람이
## 살아남는다

"늘 새로운 것을 배우지 않는 사람은, 이미 과거에 산다."

에릭 호퍼

### 지금은 '무료 배달' 전쟁 시대

배달 시장이 갈수록 어려워지고 있다. 배달의민족과 쿠팡, 두 '고래' 싸움에 자영업자와 소비자만 새우등 터지고 있는 상황이다.

쿠팡이 '멤버십 무료 배달'을 시작하면서 시장의 판도가 크게 흔들렸다. 기존에 2위였던 쿠팡이츠가 1위 배달의민족을 빠르게 추격하더니, 2024년 3월 무료 배달 정책 시행 후 불과 9개월 만에 결제금액 기준 배민을 제치고 1위에 올랐다. (KBS 뉴스 보도 인용)

이에 맞서 배달의민족도 반격에 나섰다. 원래는 '배민클럽 회원'에게만 제공하던 무료 배달 혜택을 이제는 비회원 고객에게까지 한시적으로 확대하며 공격적인 정책을 펼치고 있다. 그야말로 '전면 무료 배달 시대'가 열린 것이다.

이처럼 시장이 달라진 만큼, 사장님들도 '배달 시장에 대한 인식 전환'이 필요하다. 예전에는 음식 가격과 배달비가 명확히 분리되어 있었다. 음식값은 음식값, 배달비는 배달비였다. 하지만 지금은 다르다. 두 플랫폼의 무료 배달 경쟁으로 인해, 그 부담이 고스란히 자영업자에게 전가되고 있다. 결국 음식 가격 안에 배달비가 포함될 수밖에 없는 구조가 된 것이다. 즉, 음식 가격은 '순수 음식 가격 + 배달비'라는 공식을 이해해야 한다.

문제는 이런 변화를 제대로 인지하지 못한 채, 예전 가격을 그대로 유지하는 사장님들이 많다는 것이다. '가격을 올리면 손님이 떠나면 어떡하지…'라는 두려움 때문에 오히려 손해를 보며 장사하는 경우가 많다.

결국 음식 가격은 1,000원에서 많게는 2,000~3,000원까지 오를 수밖에 없는 현실이다. 언론에서 말하는 '배달앱이 물가 상승의 원인'이라는 표현도 배달비가 음식 가격에 포함된 이 구조를 말하는 것이다.

이러한 변화에 빠르게 대응한 사장님들은 오히려 시장 변화에 적응하며 안정적인 수익을 유지하고 있다. 반면 여전히 가격을 올리지 못하고 손해를 감수하는 사장님들은 점점 더 어려워지고 있다.

지금의 배달 시장은 예전처럼 '무료 배달'을 전략적으로 쓰는 환경이 아니다. 이제는 모두가 무료 배달 조건 아래에서 경쟁한다. 따라서, 가격을 올린 만큼, 그 차익을 광고나 할인 등 마케팅 전략에 얼마나 현명하게 재투자하여 상위 노출을 선점하느냐가 관건이다.

즉, 지금의 배달 시장은 '무료 배달 경쟁력'보다 배달앱에서 밀고 있는 '한 그릇 배달'과 같은 광고나 '즉시 할인' 같은 혜택에 더 집중해야 할 시기다. 변화를 빨리 인식하고 그에 맞게 대응하는 사람만이 살아남을 수 있다.

## 배달앱 및 상위 노출에 대한 이해

배달앱 장사는 한마디로 '최상위 노출 싸움'이다.

내 매장을 클릭하는 것도, 주문으로 이어지는 것도 모두 '노출'이 전제되어야 가능하다. 즉, 내 매장이 소비자에게 최대한 자주, 많이 보여야 한다는 뜻이다. 그렇다면 노출수를 높이려면 어떻게 해야 할까? 대표적인 방법은 '긴 영업시간'과 '공격적 광고'다. 영업시간이 길수록 노출 기회는 많아지고, 광고 상품을 활용할수록 플랫폼은 매장을 더 상위에 노출시켜 준다. 두 가지 모두 중요하지만, 굳이 비교하자면 '긴 영업시간'은 정도(正道)라면, '광고'는 요행(僥倖)이라 할 수 있다. 광고는 단기간에 빠른 효과를 낼 수 있지만, 결국 꾸준히 영업시간을 유지하며 성실히 운영하는 매장을 이길 수는 없다.

다음으로 중요한 것은 '클릭수'다.

수많은 가게 중에서 소비자의 눈에 띄게 만드는 것, 그것이 클릭수다. 클릭수를 높이려면 배달앱 상의 내 매장 정보를 더 매력적으로 보이게 해야 한다. 대표적인 요소는 로고, 상호명, 최소 주문 금액, 배달 시간, 배달 팁 등이 있다. 특히 가장 강력한 포인트는 매장 별점 옆에 보이는 '인기 메뉴명 앞에 대괄호 문구를 활용하는 것'이다. 별점(★5.0) 옆 '인기 메뉴'는 '가게 메뉴판 편집' → '사장님 추천' → '첫 번째 메뉴'에서 변경 가능하다. 예를 들어, '혜택'을 직관적으로 보여주는 문구를 넣는 것이다.

- [즉시 할인 2,000원] 클럽샌드위치
- [붕어빵 무료제공] 육회들기름메밀면

단, 최근에는 문구 사용이 제한되는 단어가 많아졌기 때문에 '즉시 할인', '무료제공' 등의 단어 대신 유사 표현을 전략적으로 우회하여 선택하는 센스가 필요하다.

마지막이자 가장 중요한 단계는 '주문수'다.

클릭 후 소비자가 "여기다!" 하고 주문을 누르게 만드는 매력, 그것이 주문수로 이어진다.

즉, 주문수는 매장에 대한 신뢰도와 선호도, 그리고 타 가게와의 경쟁력 지표라 할 수 있다.

주문수를 높이는 주요 요인은 다음과 같다.

1. 앱테리어(배달앱 내 비주얼 구성)
2. 음식 사진 퀄리티
3. 메뉴 가격대
4. 리뷰수와 질
5. 배달비·최소 주문 금액
6. 맛집 랭킹 노출 여부
7. 리뷰이벤트, 즉시 할인, 쿠폰 제공 등 프로모션

이러한 조건들이 소비자에게 '합리적 선택'처럼 느껴질 때, 비로소 주문 전환이 일어난다.

## 배달앱의 핵심 지표 3가지

결국 배달앱은 '클릭율'과 '주문율'을 높이는 싸움이다.

- 클릭율 = (클릭수 ÷ 노출수) × 100
- 주문율 = (주문수 ÷ 클릭수) × 100

배민 통계에 들어가 보면 내 가게의 '클릭율'과 '주문율'을 확인할 수 있다. 이를 통해 문제점을 한눈에 파악할 수 있다.

- 노출수가 적다면 → 영업시간이 짧거나 광고를 하지 않고 있을 가능성이 높다.
- 클릭율이 낮다면 → 로고, 상호명, 배달비 등 배달앱에서 보이는 매장 매력도가 부족하다.
- 주문율이 낮다면 → 앱테리어나 리뷰, 가격 구성이 소비자에게 설득력이 부족한 것이다.

### 노출수 기준

- 약 70만~100만 이상: 잘하는 가게
- 약 30만~70만: 보통인 가게
- 약 30만 미만(특히 10만 이하): 못 하는 가게

## 클릭율 기준

- 약 5% 이상: 잘하는 가게
- 약 3%~5%: 보통인 가게
- 약 3% 미만: 못 하는 가게

## 주문율 기준

- 약 12% 이상: 잘하는 가게
- 약 5%~12%: 보통인 가게
- 약 5% 미만: 못 하는 가게

이 세 가지 수치만으로도 내 매장의 전반적인 상태를 평가할 수 있다. 무엇이 부족한지 기록하고, 잘하는 매장을 벤치마킹하며 하나씩 개선해 나가자. 그 과정에서 매출은 눈에 띄게 성장할 것이다.

노출수과 클릭수도 중요하지만, 가장 핵심은 '주문율'이다. 예를 들어, 두 매장이 모두 클릭수가 10,000회라 해도, 같은 시간, 같은 광고비, 같은 노동력이 투입됐는데도 배달앱 세팅과 이미지 구성 차이만으로 매출이 두 배 차이 난다. 이 얼마나 억울한 일인가. 그만큼 앱테리어와 배달앱 세팅은 '사활을 걸어야 하는 영역'이다.

- A 매장은 주문율 5% → 500건 × 객단가 2만 원 = 매출 1,000만 원
- B 매장은 주문율 10% → 1,000건 × 객단가 2만 원 = 매출 2,000만 원

샌코치가 · 말하는 · 성장 비법

# 배달앱 공부는 그만두는 그 순간까지!

배달앱을 알아야 플랫폼에 끌려다니지 않고, 내가 주도적으로 활용할 수 있다. 배달앱에 대한 이해 없이 시장에 뛰어들면 수수료만 내고, 광고비만 쓰고, 결국 빚만 지고 끝나는 경우가 너무 많다. 이처럼 샌드위치 · 샐러드 사장님에게도 배달앱 공부는 선택이 아니라 필수다.

# 07

## 놓치면 손해 보는
## 운영 노하우 총정리

"남들이 모르는 걸 알면 기회가 되고, 남들이 아는 걸 모르면 위기가 된다."

워런 버핏

이번 단계는 순서상 놓쳤던 내용이나 마지막으로 추천하는 정보와 노하우에 대해 정리해보려 한다. 끝까지 잘 체크하여 운영하는 데 어려움이 없기를 바란다.

### 추가 정보 및 주의 사항

#### 1. 상호명 특허청 등록

개인 브랜드라면 상호명 특허 등록은 필수다. 인테리어 공사 시작 전부터 미리 해놓는 게 좋다. 특허 등록을 하지 않으면 영업 중간에 상표권 침해 등 소송이나 손해 배상 청구가 될 수 있다. 심지어 간판을 제작할 때 글자 폰트로도 저작권 침해 등 소송이 진행된 사례도 있었다. 마크인포 사이트를 통해 '상표 등록 신청하기'에서 신청하면 된다. 기간에 따라 금액이 달라지며 간편 출원 서비스 가격은 99,000원부터 시작된다. 미래의 프랜차이즈 대표님이 되고 싶다면 '상표권 보호'는 더욱 필수다!

## 2. 권리금 사기 조심하기

요식업 관련 경험이 처음인 사람이 매장을 구할 때 가장 흔하게 겪는 일이 '권리금 사기'다. 특히 사회 초년생이나 직장생활을 하다 나온 사람들은 권리금에 대한 지식이 없으니 매장을 구할 때 터무니없는 권리금으로 사기를 당하는 경우가 많다. 간략하게 권리금 계산 및 주의 사항에 대해 알아보자. 권리금은 크게 3가지로 나뉜다.

### 1) 시설 권리금: 인테리어, 주방, 설비 등 눈에 보이는 시설의 비용 및 자산

– 보통 인테리어 공사 시 들어간 비용과 중고 주방기기, 가구, 비품 등의 사용 기간을 비용으로 산정하여 중고 시세 기준으로 개별 평가한 비용이다. 매장 내부에 내가 쓸만한 것들만 모아 총합을 더해 대략적으로 계산하고, 필요 없는 건 빼서 시설 권리금 측정 시 깎으면 된다.

### 2) 영업 권리금: 단골, 리뷰, 브랜드 인지도, 매출 구조, 순이익, 노하우

– 매출 및 순이익(영업 이익)으로 추정한다. '매출'로 측정하는 건 위험할 수 있기에 주의해야 한다. 매물을 내놓는 시점 기준으로 몇 개월 전부터 순이익을 완전 포기한 채 매출만 '뻥튀기'할 가능성도 무시할 순 없다. 포스 매출 내역도 조작 기입 등의 가능성도 있기 때문에 '부가세표준증명원'이나 배달앱 매출 내역을 정확히 눈으로 확인하고 계산해야 한다. 권리금의 가장 큰 부분을 차지한다.

- 계산 방법은 대략적으로, '영업 권리금 = 월평균 순이익 × 6~12개월분'으로 측정한다. 월 순이익이 300만 원이라면, 영업 권리금은 약 1,800만~3,600만 원 수준으로 측정된다.

### 3) 바닥 권리금: 입지, 유동 인구, 경쟁도 등의 자리값

- '입지 프리미엄'으로 불린다. 해당 지역 자리의 힘(입지)에 대한 가치를 말한다. 해당 지역의 2~3곳의 점포에 대한 매물 정보만 봐도 바닥 권리금이 이미 권리금 안에 별도로 형성되어 있어 쉽게 파악할 수 있다. 최근 나온 매물 중 '빈 상가'인데도 권리금이 측정되어 있다면 그게 바로 '바닥 권리금'이다.

### 3. 가게 임차대 계약 관련 법 및 대응 방법

#### 1) 상가건물임대차보호법 제9조

임차인은 최초 임대차 기간을 포함하여 10년까지 계약 갱신을 요구할 수 있다. 10년이 안 되었는데 임대인이 마음대로 "1년 후 나가라." 하긴 어렵다는 의미다.

#### 2) 상가건물임대차보호법 제10조 제1항

임대차 기간을 1년 미만으로 정한 때에는 그 기간을 1년으로 본다. 계약서에 6개월이라고 써도, 법적으로는 1년짜리 계약으로 인정된다. 꼭 최초 임대차 계약을 2년으로 할 필요는 없다. 1년, 2년, 3년 등 자유롭게 설정 가능하다.

현재 자영업 시장이 이전과는 많이 다르다. 폐업이 쏟아지는 만큼 가게를 양도하는 것 또한 쉬운 일이 아니다. 이전에는 '안정적 영업 보장', '투자비 회수 기간 확보' 등의 이유로 최초 임대차 기간도 2년 이상으로 계약하는 경우가 많았다. 지금은 1년만 해봐도 어느 정도 장사를 해야 할지, 말아야 할지 답이 나오는 경우가 많다. 2년을 계약 후 1년이 다가가는 시점에서 양도를 결정하게 됐는데 장사도 안 되고 가게까지 빠르게 나가지 않으면 이 또한 매달 임차료에 대한 손해가 크다. 이제는 신중하게 임대차 기간도 고려해서 계약하는 게 중요하다.

## 추가 전략 및 노하우

### 1. 메뉴 이름은 '프리미엄'화

장사 시기에 따라 메뉴 이름을 달리해야 한다. 초창기엔 음식을 알리기 위해 메뉴명에 고객을 '후킹'할 수 있는 프리미엄 문구들을 함께 적어줘야 한다. 메뉴 이름이 길어도 좋다. 아직 안 알려진 내 메뉴를 손님이 선택할 수밖에 없도록 메뉴명에서부터 승부를 보자. 추후 메뉴가 자리 잡고 메뉴 개수가 늘어가면 메뉴명 길이에도 제약을 두어야 한다. 메뉴가 100여 개 있는데 질서 없는 메뉴명은 자칫 배달앱 내 인테리어에 방해될 수 있고 통일성 없는 메뉴명은 번잡해 보일 수가 있다. 메뉴가 많아질수록 간격과 통일성을 맞춰야 배달앱이 깔끔해 보일 수 있다.

'국내산 100%', '무가당', '웰빙', '저염', '저칼로리', '저지방', '방부제 0%', '천연', '수제' 등 문구를 활용해 손님들에게 강조하자.

예시)

'무가당' 플레인 요거트

'국내산 닭안심살' 케이준치킨

'국산 원유 100%' 리코타치즈


## 2. 리뷰 호소인이 되자

초반에는 리뷰를 많이 쌓는 게 정말 중요하다. 잘 되는 가게처럼 보이는 가장 중요한 핵심은 최신 리뷰 밖에 없다. 최대한 '오늘' 쌓인 리뷰가 많도록 손님들로 하여금 리뷰를 달 수밖에 없는 멘트나 짧은 편지, 센스 있는 문구 등을 음식과 함께 동봉해야 한다.


예시) '고객님의 소중한 리뷰 덕분에 제 건물주의 꿈에 한 발자국 더 다가갑니다.', '고객님! 별 5개와 소중한 리뷰는 저희 가게가 성장하는 데 정말 큰 힘이 됩니다. 너무 감사합니다!'


## 3. 최소 주문 금액 설정 노하우

정답은 없지만, 나의 경우 '가장 금액이 낮고 많이 들어오는 조합'보다 100원을 더 올려 최소 주문을 막는 역할로 사용했다. 대표적으로 샌드위치·샐러드 전문점은 '샌드위치+음료' 조합이 가장 많다. 특히 음료도 정가 음료가 아닌 리뷰이벤트로 주문한 음료 조합이 가장 많다. '가장 비싼 샌드위치+음료' 조합을 기준으로 최소 주문 금액을 산정하면, 그보다 낮은 가격의 샌드위치 조합은 자연스럽게 주문이 불가능해진다.

예시)

최소 주문 금액: 11,000원 (두 금액 합계 + 100원)

───────────────────────────

가장 비싼 샌드위치 가격: 9,900원

리뷰이벤트 음료 가격: 1,000원

두 금액 합계: 10,900원

## 4. 우리가게클릭(우가클) 광고 사용 방법

배달의민족 '가게통계'에 들어가면 고객 선택란에 '인기 시간대' 분석표가 있다. 그래프로 월~일요일 주문수를 보여주는데 보통 주말과 평일로 나눠 비슷한 트렌드를 보인다. 평일 기준 10~11시 주문수 피크, 저녁 6시 주문수 피크, 주말 기준 10~11시 피크, 13시 피크(늦은 점심), 저녁 8시 피크(늦은 저녁)으로 주문수가 가장 높다. 이를 근거로 우가클을 활용한다.

1) 인기 시간대는 곧 고객이 몰리는 시간

2) 고객이 몰리면 가게끼리 경쟁은 치열해지고 노출은 상대적으로 떨어지게 됨

3) 이를 극복하기 위해 노출을 높이는 우가클 활용! (On-Off 기능 알람을 통해 적극 활용)

우가클은 꼭 '껐다, 켰다.'를 반복해서 활용해야 한다. 계속 켜 놓으면 계속 돈이 빠져나가는 광고이기 때문에 필요할 때만 활용해야 한다. 나 같은 경우 매장 태블릿에 알람을 맞춰놓고 점심 피크 전후 10:00 On, 13:30 Off, 저녁 피크 전후 17:00 On, 20:30 Off 해서 점심, 저녁으로 3시간 30

분씩만 활용하고 있다. 주의 사항으로는 가게 배달앱 세팅이 부족하면 우가클 쓰면 안 된다. 앞서 강조한 밑 빠진 독에 물 붓기가 될 수 있다. 항상 통계를 보고 주문율이 15% 이상 안 나오면 우가클을 사용하기 전에 가게를 먼저 체크해볼 필요가 있다.

### 5. 샵인샵 최대한 활용하기

샌드위치 샐러드 업종은 샵인샵과 멀티샵 활용에 유리하다. 재료가 워낙 많기 때문에 같은 재료로 활용할 수 있는 메뉴도 많다. 용기만 다르게 해도 전혀 다른 카테고리가 나온다. 대표적으로 샌드위치·샐러드 매장을 운영하면서 바게트 같은 다른 종류의 빵을 추가하여 브런치 카페 브랜드를 하나 더 만들어서 활용할 수 있고, 5찬 용기를 추가하여 도시락 카테고리를 활용하여 한식 도시락도 브랜드도 만들어 낼 수 있다. 이런 식으로 한 매장에서 다양한 브랜드를 만들어 경쟁 매장이 1개를 운영할 때 샵인샵으로 4~5개 매장을 운영하면서 노출에 있어서 유리함을 가져갈 수 있는 전략이다. 배민은 현시점 최대 4개까지 샵인샵 가게를 만들 수 있고, 다른 플랫폼은 개수에 제한이 없다. 준비 방법은 새로운 상호가 적힌 X배너나 스탠드배너를 준비하여 매장 문 앞에서 배너와 함께 사진을 찍고 담당 매니저에게 전송 후 신청하면 된다. 조건은 아래와 같다.

### 배민1 N가게 가게명 정책 상세

3가지 기준을 동시에 충족해야 승인 가능

1) 기존 배민1 가게와 동일 가게명으로 추가 입점 불가

2) 새로운 배민1 가게는 기존 배민1 가게명 승인 기준 준수 필요

3) 기존 배민1 가게와 동일 가게(가게명, 대표 메뉴 구성 등)로 판단될 경우 입
   점 불가

이처럼 샵인샵을 잘 활용한다면 매출 상승에 큰 도움이 될 것이다. 단, 무분별한 재료나 용기 추가로 동선이나 시스템에 비효율이 발생해서는 안 된다.

샌코치가 　말하는　 성장 비법

## 샌코치가 전하는 마지막 당부

결국 성장은 많은 실수와 실패를 통해서 온다는 사실을 잊지 않았으면 좋겠다. 가장 큰 실패는 '시도조차 하지 않는 것'이다. 내가 실패를 인정하지 않는 순간, 그 실패는 더 이상 실패가 아니라 작은 도전에 불과하다. 당신에게 실패는 없다. 오직 여러 번의 도전만 있을 뿐이다. 이제 당신이 해야 할 일은 단 하나다. 이 책의 모든 내용을 직접 내 가게에 적용해보고, 부딪쳐보고, 깨져보고, 그리고 배우는 것. 그 과정을 통해 당신만의 경험과 스토리를 만들고, 그것을 잘 정리해 '노하우'라는 이름으로 잘 포장해 또 다른 누군가에게 선물해주면 된다. 앞으로도 더 창의적이고, 더 효율적인 방법을 발견해 현장에서 고군분투하고 있을 많은 샌드위치·샐러드 사장님들에게 큰 도움이 될 수 있는 '독자 여러분'이 되기를 진심으로 바란다.

# 완성하기

## 샌코치의 샌드위치, 샐러드, 포케 레시피

5단계에서는 다양한 샌드위치·샐러드 레시피가 등장합니다. 반복되는 재료와 기본 소스는 앞부분에 자세하게 정리해 놓았습니다. 레시피의 자세한 정보를 확인하고 싶을 때는 이 공통 정리 파트를 함께 참고해 주세요.

## 1. 공통 재료

| 재료명 | 상품명 | 구매처 |
| --- | --- | --- |
| 식빵 | 뉴욕샌드위치 990g | 동원홈푸드 |
| 마요네즈 | 청정원 3.2kg | 동원홈푸드 |
| 허니머스타드 | 쉐프원 2kg | 쿠팡, 동원홈푸드 |
| 홀그레인 | 르네디종 500g | 최저가 검색, 동원홈푸드 |
| 설탕 | 백설 설탕 3kg | 쿠팡, 동원홈푸드 |
| 창 봉투 | 창 봉투 중 | 오렌지포장 |
| 유산지 | 흑백잡지 WP08 | 쿠팡 |
| 양상추 | 양상추 1box 8kg | 농산물시장, 쿠팡, 식봄 |
| 적채 | 적채 1box 6ea | 동원홈푸드, 쿠팡 |
| 토마토 | 완숙토마토 L-XL 5kg | 식자재마트, 쿠팡 |
| 피클 | 그리너리 오이피클 3.2kg | 그린펠로우전용몰(우주식품) |
| 슬라이스햄 | 오뗄 슬라이스햄 1kg | 동원홈푸드, 그린펠로우전용몰(우주식품) |
| 슬라이스치즈 | 앵커 체다치즈 | 동원홈푸드 |
| 슬라이스치즈 | 썬리취 무색소치즈 | 최저가 검색, 동원홈푸드 |
| 스위트콘 | 테이스트 스위트콘 3kg | 그린펠로우전용몰(우주식품) |
| 병아리콩 | 베수 칙피스 2.5kg | 그린펠로우전용몰(우주식품) |
| 방울토마토 | 대추방울토마토 3kg | 쿠팡, 농산물시장 |
| 크리스피어니언 | 킹스하베스트·헹스 1kg | 그린펠로우전용몰(우주식품) |
| 눈꽃치즈 | 썬리취 펜시믹스 2kg | G마켓 |
| 생아몬드 | 다맘 생아몬드 1kg | 네이버스토어(다맘이니까, 다 맘 놓고) |
| 올리브 슬라이스 | 리치스 블랙올리브 3kg | 그린펠로우전용몰(우주식품) |
| 크랜베리 | 에쓰파시오 크랜베리 1kg | 그린펠로우전용몰(우주식품) |
| 꽃게맛살 | 한성 꽃게맛살 2kg | 동원홈푸드 |
| 파인애플 청크 | 아만, 리치스 청크 3kg | 그린펠로우전용몰(우주식품) |
| 해초 | 재호물산 해초 1kg | 동원홈푸드 |
| 백오이 | 최저가 | 동원홈푸드, 쿠팡 |

| 재료명 | 상품명 | 구매처 |
|---|---|---|
| 쌀, 현미 | 진솔그레이 10kg | 동원홈푸드, 식봄 |
| 크라프트용기 | 크라프트원형 1500cc | 네이버스토어(유나팩) |

## 2. 공통 소스

1   홀그레인믹스 기본 소스 2kg(그린펠로우 전용상품)

2   소스 레시피: 마요네즈 50g + 허니머스타드 50g + 홀그레인 50g + 설탕 또는 요리당 25g

\* 샌코치가 직접 제작한 완제품은 그린펠로우 전용 상품으로 '동원홈푸드'에서 구매할 수 있습니다.

전국 최저가 식자재 플랫폼 동원홈푸드 푸드가이드

휴대폰 카메라를 켠 뒤, QR코드를 화면에 비추세요.

\* 전체 상품은 모두 전국 최저가로 그린펠로우 전용 회원 동원홈푸드에도 있습니다.

# 치즈에그 샌드위치

휴대폰 카메라를 켠 뒤,
QR코드를 화면에 비추세요.

## 1. 재료 준비

### 1) 공통 재료

식빵 | **홀그레인믹스 기본 소스** | 마요네즈 | 허니머스타드 | 홀그레인 | 설탕(요리당) | 체다치즈 | 무색소 체다치즈 | 토마토 | 적채 | 양상추 | 유산지 | 창 봉투

### 2) 추가 재료

| 재료명 | 상품명 | 구매처 |
|---|---|---|
| 계란 | 30개입 대란, 특란 | 식자재마트, 식봄 |
| 에그커터기 | 계란 분할 절단기 스테인리스 | 쿠팡 |

## 2. 소스 제조

1    완제품: 홀그레인믹스 기본 소스 2kg(그린펠로우 전용상품)

2    소스 레시피: 마요네즈 50g + 허니머스타드 50g + 홀그레인 50g + 설탕 or 요리당 25g

1    식빵 2장을 나란히 두고, 양쪽 모두 홀그레인믹스 기본 소스를 10g씩 바른다.

2    한쪽 식빵 위에 노란 체다치즈 1장, 그 위에 무색소 체다치즈 1장을 순서대로 올린다.

3    삶은 달걀을 에그커터기에 가로 방향으로 넣고 커팅한다. 노른자가 많은 단면 4~5개를 가운데 세로로 올리고, 남은 달걀 조각은 양옆 사이드에 올린다.

4    세로로 펼쳐진 달걀 위에 토마토 슬라이스 1~2개를 세로 방향으로 얹는다.

5    토마토 위에 적채 30g을 잘 뭉쳐 가운데에 세로로 올린 뒤, 홀그레인믹스 기 본 소스를 10g 드리즐한다.

6    적채 위에 양상추 4~5겹을 올리고, 그 위에 홀그레인믹스 기본 소스를 10g 더 뿌린 뒤, 다시 양상추 4~5겹을 한 번 더 올린다.

7    남은 식빵(소스 바른 면이 아래로 오도록)을 뒤집어 올린다.

8    유산지 정중앙에 샌드위치를 올려 감싸 포장하고, 절반으로 커팅한 뒤 창 봉 투에 담는다.

## 4. 주의 사항

치즈 대신 햄 2장을 넣으면 햄에그 샌드위치가 완성된다. 샌드위치를 만드는 것보 다 포장을 얼마나 잘하느냐에 따라 샌드위치 모양이 결정되기 때문에 많은 연습이 필요하다. 연습을 했는데도 포장이 잘되지 않는다면 샌코치에게 배우러 와도 좋다!

# 햄치즈 샌드위치

휴대폰 카메라를 켠 뒤,
QR코드를 화면에 비추세요.

## 1. 재료 준비

### 1) 공통 재료

식빵 | **홀그레인믹스 기본 소스** | 마요네즈 | 허니머스타드 | 홀그레인 | 설탕(요리당) | 체다치즈 | 무색소 체다치즈 | 토마토 | 적채 | 양상추 | 유산지 | 창 봉투

### 2) 추가 재료

| 재료명 | 상품명 | 구매처 |
|---|---|---|
| 슬라이스햄 | 오뗄 슬라이스햄 1kg | 동원홈푸드, 그린펠로우전용몰(우주식품) |

## 2. 소스 제조

1. 완제품: 홀그레인믹스 기본 소스 2kg
2. 소스 레시피: 마요네즈 50g + 허니머스타드 50g + 홀그레인 50g + 설탕 or 요리당 25g

## 3. 레시피 순서

1 식빵 2장을 나란히 두고, 양쪽 모두 홀그레인믹스 기본 소스를 10g씩 바른다.

2 한쪽 식빵 위에 노란 체다치즈 1장, 그 위에 무색소 체다치즈 1장을 순서대로 올린다.

3 치즈 위에 슬라이스햄 3장을 겹쳐서 올린다.

4 슬라이스햄 위에 토마토 슬라이스 1~2개를 세로 방향으로 얹는다.

5 적채 30g을 잘 뭉쳐 가운데에 세로로 올린 뒤, 홀그레인믹스 기본 소스를 10g 드리즐한다.

6 적채 위에 양상추 4~5겹을 올리고, 그 위에 홀그레인믹스 기본 소스를 10g 더 뿌린 뒤, 다시 양상추 4~5겹을 한 번 더 올린다.

7 남은 식빵(소스 바른 면이 아래로 오도록)을 뒤집어 올린다.

8 유산지 정중앙에 샌드위치를 올려 감싸 포장하고, 절반으로 커팅한 뒤 창 봉투에 담는다.

## 4. 주의 사항

햄 3장을 놓을 때는 3장을 겹쳐서 놓아도 되지만, 3장 모두 각각 반으로 접은 다음 다시 겹쳐서 놓으면 더 예쁜 샌드위치 단면을 만들 수 있다.

# 통새우칠리
# 샌드위치

휴대폰 카메라를 켠 뒤,
QR코드를 화면에 비추세요.

## 1. 재료 준비

### 1) 공통 재료

식빵 | **홀그레인믹스 기본 소스** | 마요네즈 | 허니머스타드 | 홀그레인 | 설탕(요리당) | 체다치즈 | 무색소 체다치즈 | 토마토 | 적채 | 양상추 | 유산지 | 창 봉투

### 2) 추가 재료

| 재료명 | 상품명 | 구매처 |
|---|---|---|
| 매콤칠리소스 | 그린펠로우 전용상품 2kg | 동원홈푸드, 네이버스토어(그린펠로우로직스) |
| 통새우튀김 | 비쉐프 새우튀김 300g | 동원홈푸드 |

## 2. 소스 제조

1　완제품: 홀그레인믹스 기본 소스 2kg

2　소스 레시피: 마요네즈 50g + 허니머스타드 50g + 홀그레인 50g + 설탕 or 요리당 25g

1. 식빵 2장을 나란히 두고, 양쪽 모두 홀그레인믹스 기본 소스를 10g씩 바른다.

2. 한쪽 식빵 위에 노란 체다치즈 1장, 그 위에 무색소 체다치즈 1장을 순서대로 올린다.

3. 치즈 위에 통새우튀김 3개를 가로로 나란히 놓는다.

4. 새우 위에 매콤칠리소스를 15~20g 드리즐한다.

5. 그 위에 적당한 크기의 토마토 슬라이스 1~2개를 세로로 올린다.

6. 토마토 슬라이스 위에 양상추 4~5겹을 올리고, 그 위에 홀그레인믹스 기본 소스를 10g 더 뿌린 뒤, 다시 양상추 4~5겹을 한 번 더 올린다.

7. 남은 식빵(소스 바른 면이 아래로 오도록)을 뒤집어 올린다.

8. 유산지 정중앙에 샌드위치를 올려 감싸 포장하고, 절반으로 커팅한 뒤 창 봉투에 담는다.

## 4. 주의 사항

에어프라이어를 사용해 10~13분 내에 조리할 수 있어 꼭 튀김기가 없어도 된다. 주문 즉시 즉석에서 튀길 필요는 없다. 미리 튀겨 놓고 냉장 보관 후 주문이 들어오면 전자레인지에 30초 정도 돌린 다음 사용해도 맛에 큰 차이는 없다. 새우튀김을 놓을 땐 커팅 후 단면이 잘 보이도록 반드시 가로로 놓아야 한다.

# 떡갈비
# 샌드위치

휴대폰 카메라를 켠 뒤,
QR코드를 화면에 비추세요.

## 1. 재료 준비

### 1) 공통 재료

식빵 | **홀그레인믹스 기본 소스** | 마요네즈 | 허니머스타드 | 홀그레인 | 설탕(요리당) | 체다치즈 | 무색소 체다치즈 | 토마토 | 적채 | 양상추 | 유산지 | 창 봉투

### 2) 추가 재료

| 재료명 | 상품명 | 구매처 |
| --- | --- | --- |
| 불고기버거소스 | 오쉐프 오뚜기 2kg | 동원홈푸드 |
| 떡갈비 | 삼양 임꺽정 1.2kg | 동원홈푸드 |
| 피클 | 그리너리 오이피클 3.2kg | 그린펠로우전용몰(우주식품) |
| 깐양파 | 10kg | 동원홈푸드, 식봄 |

## 2. 소스 제조

1  완제품: 홀그레인믹스 기본 소스 2kg

2  소스 레시피: 마요네즈 50g + 허니머스타드 50g + 홀그레인 50g + 설탕 or

요리당 25g

1  식빵 2장을 나란히 두고, 양쪽 모두 홀그레인믹스 기본 소스를 10g씩 바른다.

2  한쪽 식빵 위에 노란 체다치즈 1장, 그 위에 무색소 체다치즈 1장을 순서대로 올린다.

3  치즈 위에 그릴에 충분히 구워진 떡갈비 1개를 놓는다

4  떡갈비 위에 불고기 소스나 데리야끼 소스를 15~20g을 드리즐한다.

5  그 위에 동서남북 방향으로 피클 4개를 놓는다.

6  피클 위에 양파슬라이스 3~4개를 놓고, 적당한 크기의 토마토 슬라이스 1~2개를 세로로 올린다.

7  토마토 슬라이스 위에 양상추 4~5겹을 올리고, 그 위에 홀그레인믹스 기본 소스를 10g 더 뿌린 뒤, 다시 양상추 4~5겹을 한 번 더 올린다.

8  남은 식빵(소스 바른 면이 아래로 오도록)을 뒤집어 올린다.

9  유산지 정중앙에 샌드위치를 올려 감싸 포장하고, 절반으로 커팅한 뒤 창 봉투에 담는다.

## 4. 주의 사항

떡갈비는 하루에 4~5개 정도 미리 구워놓고 냉장 보관을 한다. 주문이 들어오면 전자레인지에 30초 정도 돌린 다음 사용해도 맛에 큰 차이는 없다. 오뚜기 불고기 버거소스를 사용하면 M사 버거의 '불고기버거' 맛이 난다. 불고기버거 소스 대신 데리야끼 소스를 넣어도 맛있으니 둘 중 취향에 맞는 소스를 선택하면 된다.

# 케이준치킨
# 샌드위치

휴대폰 카메라를 켠 뒤,
QR코드를 화면에 비추세요.

## 1. 재료 준비

### 1) 공통 재료

식빵 | **홀그레인믹스 기본 소스** | 마요네즈 | 허니머스타드 | 홀그레인 | 설탕(요리당) | 체다치즈 | 무색소 체다치즈 | 토마토 | 적채 | 양상추 | 유산지 | 창 봉투

### 2) 추가 재료

| 재료명 | 상품명 | 구매처 |
|---|---|---|
| 매콤칠리소스 | 그린펠로우 전용상품 2kg | 동원홈푸드, 네이버스토어 (그린펠로우로직스) |
| 치킨텐더 | 참프레, CP, 사세 1kg | 동원홈푸드, 쿠팡 |
| 피클 | 그리너리 오이피클 3.2kg | 그린펠로우전용몰(우주식품) |
| 깐양파 | 10kg | 동원홈푸드, 식봄 |

## 2. 소스 제조

1    완제품: 홀그레인믹스 기본 소스 2kg

2   소스 레시피: 마요네즈 50g + 허니머스타드 50g + 홀그레인 50g + 설탕 or 요리당 25g

## 3. 레시피 순서

1   식빵 2장을 나란히 두고, 양쪽 모두 홀그레인믹스 기본 소스를 10g씩 바른다.

2   한쪽 식빵 위에 노란 체다치즈 1장, 그 위에 무색소 체다치즈 1장을 순서대로 올린다.

3   치즈 위에 케이준치킨텐더 튀김 3개를 가로로 나란히 놓는다.

4   텐더 위에 매콤칠리소스를 15~20g 드리즐한다.

5   그 위에 동서남북 방향으로 피클 4개를 놓는다.

6   피클 위에 양파슬라이스 3~4개를 놓고, 적당한 크기의 토마토 슬라이스 1~2개를 세로로 올린다.

7   토마토 슬라이스 위에 양상추 4~5겹을 올리고, 그 위에 홀그레인믹스 기본 소스를 10g 더 뿌린 뒤, 다시 양상추 4~5겹을 한 번 더 올린다.

8   남은 식빵(소스 바른 면이 아래로 오도록)을 뒤집어 올린다.

9   유산지 정중앙에 샌드위치를 올려 감싸 포장하고, 절반으로 커팅한 뒤 창 봉투에 담는다.

## 4. 주의 사항

에어프라이어로 10~13분 조리가 가능하여 꼭 튀김기가 없어도 된다. 주문 즉시 즉석에서 튀길 필요는 없다. 미리 튀겨 놓고 냉장 보관 후 주문이 들어오면 전자레인지에 30초 정도 돌린 다음 사용해도 맛에 큰 차이는 없다. 텐더를 놓을 땐 커팅 후 단면이 잘 보기 위해 가로로 놓아야 한다.

# 단호박
# 샌드위치

휴대폰 카메라를 켠 뒤,
QR코드를 화면에 비추세요.

## 1. 재료 준비

### 1) 공통 재료

식빵 | **홀그레인믹스 기본 소스** | 마요네즈 | 허니머스타드 | 홀그레인 | 설탕(요리당) | 체다치즈 | 무색소 체다치즈 | 토마토 | 적채 | 양상추 | 유산지 | 창 봉투

### 2) 추가 재료

| 재료명 | 상품명 | 구매처 |
|---|---|---|
| 슬라이스햄 | 오뗄 슬라이스햄 1kg | 동원홈푸드, 그린펠로우전용몰(우주식품) |
| 단호박샐러드 | 동원 비쉐프 1kg | 동원홈푸드, 그린펠로우전용몰(우주식품) |

## 2. 소스 제조

1    완제품: 홀그레인믹스 기본 소스 2kg

2    소스 레시피: 마요네즈 50g + 허니머스타드 50g + 홀그레인 50g + 설탕 or 요리당 25g

## 3. 레시피 순서

1    식빵 2장을 나란히 두고, 양쪽 모두 홀그레인믹스 기본 소스를 10g씩 바른다.

2    한쪽 식빵 위에 노란 체다치즈 1장, 그 위에 무색소 체다치즈 1장을 순서대로 올린다.

3    치즈 위에 슬라이스햄 1장을 겹쳐서 올린다.

4    슬라이스햄 위에 단호박 샐러드를 노란 스쿱 기준 세로로 두 덩이 놓는다.

5    그 위에 적당한 크기의 토마토 슬라이스 1~2개를 세로로 올린다.

5    토마토 위에 적채 30g을 잘 뭉쳐 가운데에 세로로 올린 뒤, 홀그레인믹스 기본 소스를 10g 드리즐한다.

6    적채 위에 양상추 4~5겹을 올리고, 그 위에 홀그레인믹스 기본 소스를 10g 더 뿌린 뒤, 다시 양상추 4~5겹을 한 번 더 올린다.

7    남은 식빵(소스 바른 면이 아래로 오도록)을 뒤집어 올린다.

8    유산지 정중앙에 샌드위치를 올려 감싸 포장하고, 절반으로 커팅한 뒤 창 봉투에 담는다.

## 4. 주의 사항

단호박 샌드위치는 가장 포장하기 어려운 샌드위치다. 힘을 너무 많이 줘서 포장하면 단호박 층이 얇아져서 단호박이 없어 보인다. 단호박이 충분히 들어가 있게 보이려면 다른 샌드위치를 만들 때보다 힘을 덜 주고 포장해야 단호박이 두껍게 보일 수 있다. 힘 조절이 핵심이다.

# 데리야끼 닭가슴살 샌드위치

휴대폰 카메라를 켠 뒤,
QR코드를 화면에 비추세요.

## 1. 재료 준비

### 1) 공통 재료

식빵 | **홀그레인믹스 기본 소스** | 마요네즈 | 허니머스타드 | 홀그레인 | 설탕(요리당) | 체다치즈 | 무색소 체다치즈 | 토마토 | 적채 | 양상추 | 유산지 | 창 봉투

### 2) 추가 재료

| 재료명 | 상품명 | 구매처 |
|---|---|---|
| 데리야끼소스 | 오뚜기 2kg | 동원홈푸드, 쿠팡 |
| 닭가슴살 80g(원팩) | 그린펠로우 전용상품 | 동원홈푸드, 네이버스토어(그린펠로우로직스) |

## 2. 소스 제조

1  완제품: 홀그레인믹스 기본 소스 2kg

2  소스 레시피: 마요네즈 50g + 허니머스타드 50g + 홀그레인 50g + 설탕 or 요리당 25g

3    데리야끼 닭가슴살: 먹기 좋게 찢은 닭가슴살 80g + 데리야끼 소스 50g 버무리기

## 3. 레시피 순서

1    식빵 2장을 나란히 두고, 양쪽 모두 홀그레인믹스 기본 소스를 10g씩 바른다.

2    한쪽 식빵 위에 노란 체다치즈 1장, 그 위에 무색소 체다치즈 1장을 순서대로 올린다.

3    치즈 위에 데리야끼 닭가슴살 80g을 세로 기준 가로로 찢은 결대로 나란히 놓는다.

4    세로로 펼쳐진 닭가슴살 위에 토마토 슬라이스 1~2개를 세로 방향으로 얹는다.

5    토마토 위에 적채 30g을 잘 뭉쳐 가운데에 세로로 올린 뒤, 홀그레인믹스 기본 소스를 10g 드리즐한다.

6    적채 위에 양상추 4~5겹을 올리고, 그 위에 홀그레인믹스 기본 소스를 10g 더 뿌린 뒤, 다시 양상추 4~5겹을 한 번 더 올린다.

7    남은 식빵(소스 바른 면이 아래로 오도록)을 뒤집어 올린다.

8    유산지 정중앙에 샌드위치를 올려 감싸 포장하고, 절반으로 커팅한 뒤 창 봉투에 담는다.

## 4. 주의 사항

데리야끼 닭가슴살을 놓을 때 커팅 후 표면에 닭가슴살이 잘 나타나기 위해서 가운데에 세로 기준 가로로 찢은 결대로 두껍게 놓는 게 중요하다. 미리 버무려 놓고 냉장 보관 후 전자레인지에 30초 정도 돌린 다음 사용해도 맛에 큰 차이는 없다.

# 에그모닝
# 샌드위치

**휴대폰 카메라를 켠 뒤,
QR코드를 화면에 비추세요.**

## 1. 재료 준비

| 재료명 | 상품명 | 구매처 |
|---|---|---|
| 빵 | 우유듬뿍 굿모닝롤 10개입 | 파리바게트 |
| 계란 | 30개입 대란, 특란 | 식자재마트, 식봄 |
| 마요네즈 | 청정원 3.2kg | 동원홈푸드 |
| 에그커터기 | 계란 분할 절단기 스테인리스 | 쿠팡 |
| 후추그라인더 | 수동, 자동 | 최저가 검색 |
| 통후추 | 동광 200g | 동원홈푸드, 쿠팡 |
| 천일염 | 백설 오천년의 신비 3kg | 동원홈푸드, 쿠팡 |
| 연유 | 서강 500g | 동원홈푸드 |
| 파슬리 | 신영 200g | 그린펠로우전용몰(우주식품), 동원홈푸드 |
| 사각 케이스 | 투명 샌드위치 D-203 | 네이버스토어(유즈팩) |

## 2. 에그 속 제조(최대한 질감과 간을 보면서 제조)

1  에그커터기에 계란 5알 모두 세로로 한 번, 다시 세로로 한 번 자른다.

2  그다음 가로로 한 번 커팅 후 큰 그릇에 담는다.

3  마요네즈를 살짝 되직하게 넣는다.

4  마요네즈 위에 적당히 거뭇하게 후추그라인더로 통후추를 갈아 넣는다.

5  천일염은 1g 내에서 조금씩 넣고 간을 맞춘다.

6  비닐장갑 착용 후 잘 섞는다.

## 3. 레시피 순서

1  굿모닝롤 2개를 가로 절반 기준으로 끝부분을 조금 남기고 모두 커팅한다.

2  빵을 다 뜯지 않는 상태로 최대한 펼치고 표면에 연유 5g씩 각각 드리즐한다.

3  미리 준비한 에그 속을 절반으로 나눠서 각각 2개의 굿모닝롤에 절반씩 담는다.

4  푸짐하게 보이도록 모양을 잡아주고 파슬리를 톡톡 뿌린다.

## 4. 주의 사항

계란 크기마다 계량하는 소스양이 다르기 때문에 정량 측정이 어렵다. 최대한 질감이랑 간을 보면서 에그 속을 만드는 게 중요하다. 추가로 굿모닝롤을 구매할 땐 통신사 할인을 받으면 더 저렴하게 구입할 수 있다.

# 샐러드
# 기본 세팅

휴대폰 카메라를 켠 뒤,
QR코드를 화면에 비추세요.

## 1. 재료 준비

### 1) 공통 재료

샐러드 용기 | 양상추 | 치커리 | 계란 | 적채

### 2) 추가 재료

| 재료명 | 상품명 | 구매처 |
|---|---|---|
| 스위트콘 | 테이스트 스위트콘 3kg | 그린펠로우전용몰(우주식품) |
| 눈꽃치즈 | 썬리취 펜시믹스 2kg | G마켓 |
| 병아리콩 | 베수 칙피스 2.5kg | 그린펠로우전용몰(우주식품) |
| 생아몬드 | 다맘 생아몬드 1kg | 네이버스토어(다맘이니까, 다 맘 놓고) |
| 올리브 슬라이스 | 리치스 블랙올리브 3kg | 그린펠로우전용몰(우주식품) |
| 크랜베리 | 에쓰파시오 크랜베리 1kg | 그린펠로우전용몰(우주식품) |
| 방울토마토 | 대추방울토마토 3kg | 쿠팡, 농산물시장 |
| 크리스피어니언 | 킹스하베스트 · 헹스 1kg | 그린펠로우전용몰(우주식품) |

## 2. 드레싱 추천

| 재료명 | 상품명 | 구매처 |
| --- | --- | --- |
| 투명 소스컵 | 3.25oz | 배민상회 |
| 프렌치발사믹 | 쉐프원 2kg | 동원홈푸드 |
| 랜치드레싱 | 쉐프원 2kg | 동원홈푸드 |
| 오리엔탈드레싱 | 이츠웰 2kg | 네이버스토어(그린펠로우로직스) |
| 칠리소스 | 해표 2kg | 쿠팡 |
| 참깨흑임자드레싱 | 아워홈 2kg | 최저가 검색 |
| 허니유자드레싱 | 쉐프원 2kg | 동원홈푸드 |
| 스리라차마요드레싱 | 코다노 2kg | 동원홈푸드 |
| 크리미양파드레싱 | 쉐프원 2kg | 동원홈푸드 |
| 허니머스타드드레싱 | 쉐프원 2kg | 쿠팡, 동원홈푸드 |
| 스테이크소스 | 오뚜기 2.1kg | 동원홈푸드 |
| 와사비마요소스 | 코다노 2kg | 동원홈푸드 |
| 불난마요소스 | 코다노 2kg | 동원홈푸드, 쿠팡 |
| 이탈리안드레싱 | 쉐프원 2kg | 동원홈푸드 |
| 참깨간장드레싱 | 그린펠로우 전용상품 2kg | 동원홈푸드, 네이버스토어 (그린펠로우로직스) |
| 와사비간장드레싱 | 그린펠로우 전용상품 2kg | 동원홈푸드, 네이버스토어 (그린펠로우로직스) |

## 3. 레시피 순서

1  1500cc 크라프트 원형 용기에 양상추 120g을 넣는다.

2  양상추 위에 치커리 15~20g을 올린다.

3  병아리콩 20g을 6시 방향에 펼쳐서 놓는다.

4  대추방울토마토 2개를 3시 방향에 나란히 올린다.

5  계란 반 개를 9시 방향에 올린다.

6  생아몬드 6~8알을 12시 방향에 올린다.

7  크랜베리 15g을 병아리콩 오른쪽 옆인 5시 방향에 올린다.

8  적채 10g을 병아리콩 왼쪽 옆인 7시 방향에 올린다.

9  스위트콘 35~40g을 방울토마토 오른쪽 옆인 1시 방향에 놓는다.

10  올리브 홀 4알을 계란 오른쪽 옆인 10시 방향에 올린다.

11  눈꽃치즈 15g을 올리브 오른쪽 옆인 11시 방향에 올려준다.

12  방울토마토를 들고, 그 사이에 크리스피어니언 20g을 올리고 방울토마토를 그 사이에 다시 놓는다.

13  슬라이스 양파는 선택사항으로, 메인 토핑 올리기 전에 올린다.

14  메인 토핑에 따라 샐러드 종류가 결정되므로 종류별로 올려보자.

15  마지막으로 뚜껑을 닫는다.


## 4. 주의 사항

샐러드의 기본 토핑은 모두 통일한다. 샐러드 종류마다 기본 토핑이 다르면 매번 만드는 데 시간이 오래 걸리기 때문이다. 기본 토핑을 통일해 놓으면 메인 토핑에 따라 샐러드 종류만 바꾸면 되기 때문에 시간 절약에 효율적이다. 하루에 판매할 수 있는 양만큼 만들어 놓고 냉장 보관해 놓는다. 기본 토핑을 올릴 땐 12시, 6시, 3시, 9시 가로세로로 토핑의 기준을 잡아 놓으면 전체적인 토핑 모양을 잡기 편하

다. 크리스피어니언은 미리 넣으면 눅눅해질 수 있으니 미리 세팅하지 말고 주문
나가기 전에 뿌린다.

# 포케
# 기본 세팅

휴대폰 카메라를 켠 뒤,
QR코드를 화면에 비추세요.

## 1. 재료 준비

### 1) 공통 재료

샐러드 용기 | 양상추 | 치커리 | 계란 | 적채

### 2) 추가 재료

| 재료명 | 상품명 | 구매처 |
|---|---|---|
| 스위트콘 | 테이스트 스위트콘 3kg | 그린펠로우전용몰(우주식품) |
| 꽃게맛살 | 한성 꽃게맛살 2kg | 동원홈푸드 |
| 파인애플 청크 | 아만, 리치스 청크 3kg | 그린펠로우전용몰(우주식품) |
| 병아리콩 | 베수 칙피스 2.5kg | 그린펠로우전용몰(우주식품) |
| 해초 | 재호물산 해초 1kg | 동원홈푸드 |
| 방울토마토 | 대추방울토마토 3kg | 쿠팡, 농산물시장 |
| 크리스피어니언 | 킹스하베스트 · 헹스 1kg | 그린펠로우전용몰(우주식품) |
| 후리가케 | 노리 500g | 동원홈푸드, 쿠팡 |
| 쌀 | 최저가 20kg | 동원홈푸드, 식봄, 인터넷 최저가 |
| 찰현미 | 최저가 10kg | 동원홈푸드, 네이버(진솔그레이) |

## 2. 드레싱 추천

| 재료명 | 상품명 | 구매처 |
| --- | --- | --- |
| 투명 소스컵 | 3.25oz | 배민상회 |
| 프렌치발사믹 | 쉐프원 2kg | 동원홈푸드 |
| 랜치드레싱 | 쉐프원 2kg | 동원홈푸드 |
| 오리엔탈드레싱 | 이츠웰 2kg | 네이버스토어(그린펠로우로직스) |
| 칠리소스 | 해표 2kg | 쿠팡 |
| 참깨흑임자드레싱 | 아워홈 2kg | 최저가 검색 |
| 허니유자드레싱 | 쉐프원 2kg | 동원홈푸드 |
| 스리라차마요드레싱 | 코다노 2kg | 동원홈푸드 |
| 크리미양파드레싱 | 쉐프원 2kg | 동원홈푸드 |
| 허니머스타드드레싱 | 쉐프원 2kg | 쿠팡, 동원홈푸드 |
| 스테이크소스 | 오뚜기 2.1kg | 동원홈푸드 |
| 와사비마요소스 | 코다노 2kg | 동원홈푸드 |
| 불난마요소스 | 코다노 2kg | 동원홈푸드, 쿠팡 |
| 이탈리안드레싱 | 쉐프원 2kg | 동원홈푸드 |
| 참깨간장드레싱 | 그린펠로우 전용상품 2kg | 동원홈푸드, 네이버스토어 (그린펠로우로직스) |
| 와사비간장드레싱 | 그린펠로우 전용상품 2kg | 동원홈푸드, 네이버스토어 (그린펠로우로직스) |

## 3. 레시피 순서

1    1500cc 크라프트 원형 용기에 양상추 120g을 넣는다.

2    양상추 위에 치커리 15~20g을 올린다.

3    병아리콩 20g을 6시 방향에 펼쳐서 놓는다.

4    대추방울토마토 2개를 3시 방향에 나란히 올린다.

5    계란 반 개를 9시 방향에 올린다.

6    오이 슬라이스 4개 또는 해초 15g을 병아리콩 오른쪽 옆인 5시 방향에 올린다.

7    적채 10g을 병아리콩 왼쪽 옆인 7시 방향에 올린다.

8    스위트콘 35~40g을 방울토마토 오른쪽 옆인 1시 방향에 놓는다.

9    꽃게맛살 4조각을 계란 오른쪽 옆인 10시 방향에 올린다.

10    파인애플 청크 4조각을 게맛살 오른쪽 옆인 11시 방향에 올려준다.

11    주문 나가기 전 현미밥 1스쿱을 12시 방향에 놓고 밥 위에 후리가케를 뿌린다.

12    방울토마토를 들고 그 사이에 크리스피어니언 20g을 올리고 방울토마토를 그 사이에 다시 놓는다.

13    슬라이스 양파는 선택사항으로, 메인 토핑 올리기 전에 올린다.

14    메인 토핑에 따라 샐러드 종류가 결정되므로 종류별로 올려보자.

15    마지막으로 뚜껑을 닫는다.

## 4. 밥 짓는 방법

1   종이컵 기준으로 백미 2 : 현미 1로 섞는다.

2   밥솥에 넣고 물에 충분히 세척 후 물을 최대한 빼준다.

3   백미와 현미 2:1의 비율을 합친 값이 바로 물의 양이다.

4   물은 '1 + 2 = 3'만큼 넣어주면 된다. 쌀 100g, 현미 50g이면 물의 양은 150g 넣는다.

5   백미 쾌속으로 설정 후 약 20분 후 밥이 완성되고 바로 사용해도 된다.
    (꼭 쌀을 불릴 필요 없이 바로 사용해도 큰 문제는 없다)

## 5. 주의 사항

포케의 기본 토핑은 모두 통일한다. 포케 종류마다 기본 토핑이 다르면 매번 만드는 데 시간이 오래 걸리기 때문이다. 기본 토핑을 통일해 놓으면 메인 토핑에 따라 포케 종류만 바꾸면 되기 때문에 시간 절약에 효율적이다. 하루에 판매할 수 있는 양만큼 만들어 놓고 냉장 보관해 놓는다. 기본 토핑을 올릴 땐 12시, 6시, 3시, 9시 가로세로로 토핑의 기준을 잡아 놓으면 전체적인 토핑 모양을 잡기 편하다. 크리스피어니언은 미리 넣으면 눅눅해질 수 있으니 미리 세팅하지 말고 주문 나가기 전에 뿌린다.

# 육회들기름
# 메밀면

휴대폰 카메라를 켠 뒤,
QR코드를 화면에 비추세요.

## 1. 재료 준비

### 1) 공통 재료

샐러드 용기 | 양상추 | 치커리 | 계란 | 적채

### 2) 추가 재료

| 재료명 | 상품명 | 구매처 |
| --- | --- | --- |
| 깻잎 | 찹찹이 1kg | 식자재마트, 동원홈푸드 |
| 메밀면 | 면사랑 1.25kg/봉 | 동원홈푸드, 쿠팡 |
| 조미김가루 | 진짜 맛있는 김가루 1kg | 그린펠로우전용몰(우주식품) |
| 날치알 | 동림 800g | 동원홈푸드 |
| 참깨 | 비쉐프 볶음참깨 1kg | 동원홈푸드 |
| 육회 | 그린펠로우 전용상품 2kg | 동원홈푸드, 네이버스토어(그린펠로우로직스) |
| 참깨간장 소스 | 그린펠로우 전용상품 2kg | 동원홈푸드, 네이버스토어(그린펠로우로직스) |
| 들기름메밀면소스 | 그린펠로우 전용상품 2kg | 동원홈푸드, 네이버스토어(그린펠로우로직스) |
| 비밀육회 소스 | 그린펠로우 전용상품 2kg | 동원홈푸드, 네이버스토어(그린펠로우로직스) |

## 2. 소스 제조

1  **★ 들기름메밀면소스 470g ★**: 다이소 소스통 안에 들기름메밀면소스 400g 와 후리가케 70g를 섞어서 사용

2  비밀육회 소스: 바로 사용 가능. 다이소 소스통에 400ml씩 5개 소분하여 사용

3  참깨간장 소스: 바로 사용 가능. 다이소 소스통에 400ml씩 5개 소분하여 사용

## 3. 레시피 순서

1  1500cc 샐러드 용기에 양상추 120g을 넣는다.

2  양상추 위에 치커리 15~20g을 올린다.

3  반원을 기준으로 5시 방향에 적채 15g을 올린다.

4  계란 반 개를 적채 옆 4시 방향에 올린다.

5  계란 옆 3시 방향에 깻잎 슬라이스 5g을 올린다.

6  깻잎 옆 2시 방향에 날치알 10g을 올린다.

7  스텐 비커에 우동망을 넣고 메밀면을 1블럭 넣은 뒤 뜨거운 물 가득 채우고 2분을 기다린다.

8  흐르는 물에 찬물샤워(찬물에 식히기)로 면을 탱글탱글하게 만들어 준다.

9  큰 그릇에 '미리 제조한' 들기름메밀면소스 50g을 넣는다. (메밀면 1블럭 기준)

10  그 위에 찬물샤워 후 물기 뺀 삶은 메밀면 1블럭을 넣고 잘 섞어준다.

11  기본 세팅된 반원 기준 왼쪽(7~11시 방향) 야채 위에 참깨간장 소스 20g 드리즐한다.

12  참깨간장이 뿌려진 야채 위에 소스랑 섞어진 메밀면을 넣는다.

13  김가루를 1~2시 방향에 약 1~2g을 넣는다.

14  중앙에 핏물이 제거된 육회 90g을 동그랗게 펼쳐 놓는다.

15   비밀육회 소스를 흔들어서 육회 위에 15g 넣고, 그 위에 통참깨 1g을 전체적
     으로 뿌린다.

## 4. 주의 사항

들기름메밀면 소스 제조 시 2kg 기준 400g씩 5개의 소스통이 만들어진다. 각각
의 소스통에 후리가케 70g씩 넣고 총 470g씩 완성된 소스통 5개를 나란히 두었
을 때 기름층의 높이가 모두 똑같아야 제조가 잘 된 것이다. 섞기 전 최대한 흔들어
기름층이 한쪽으로 쏠리지 않도록 균형 있게 분배하는 게 중요하다.

샌코치의
실전 자료집

# 01

## 샌드위치·샐러드 예비 사장님을 위한
## 초도 물류 제품 정보집

ㄱ~ㅎ 텍스트 오름차순 정렬

| 재료명 | 제품명 | 사입경로 |
|---|---|---|
| 가라아게 | 비쉐프, 사세 크리스피 1kg | 동원홈푸드 |
| 감자샐러드 | 동원 비쉐프 1kg | 동원홈푸드, 그린펠로우전용몰(우주식품) |
| 감자튀김 | 멕케인, 심플로트 2kg | 코스트코, 쿠팡 |
| 계란 | 30개입 대란, 특란 | 식자재마트, 식봄 |
| 고구마샐러드 | 동원 비쉐프 1kg | 동원홈푸드, 그린펠로우전용몰(우주식품) |
| 고춧가루 | 곰곰 PB상품 1kg | 쿠팡 |
| 그래놀라 | 퀘이커 심플리 978g | 코스트코 |
| 그린빈 | 냉동 그린빈 1kg | 동원홈푸드, 그린펠로우전용몰(우주식품) |
| 실링지 | 글래드매직랩 21.6cm 1개 | 쿠팡, 코스트코 |
| 김치볶음밥 | 엄지, 천일 300g | 동원홈푸드, 쿠팡 |
| 깐 대파 | 1단 | 동원홈푸드 |
| 깐 양파 | 10kg | 동원홈푸드 |
| 깻잎 | 찹찹이 1kg | 식자재마트, 동원홈푸드 |
| 꽃게맛살 | 한성 꽃게맛살 2kg | 동원홈푸드 |
| 꽈리고추 | 1kg | 동원홈푸드, 싱싱이음(앱) |
| 꿀 | 사양꿀스틱 12g 1000개 | 네이버스토어(순밀당) |
| 날치알 | 동림 800g | 동원홈푸드 |
| 눈꽃치즈 | 썬리취 펜시믹스 2kg | G마켓 |
| 쇠고기 다시다 | CJ제일제당 500g | 동원홈푸드 |

| 재료명 | 제품명 | 사입경로 |
|---|---|---|
| 단호박샐러드 | 동원 비쉐프 1kg | 동원홈푸드, 그린펠로우전용몰(우주식품) |
| 닭가슴살 80g(원팩) | 그린펠로우 전용상품 | 동원홈푸드, 네이버스토어 (그린펠로우로직스) |
| 당근 | 마당발 냉동 당근 1kg | 동원홈푸드 |
| 데리야끼소스 | 오뚜기 2kg | 동원홈푸드, 쿠팡 |
| 도시락 용기 | B-500 세트 500개 | 배민상화(투명) |
| 드레싱 용기 | 3.25oz 세트 2500개 | 배민상회 |
| 들기름메밀면소스 | 그린펠로우 전용상품 2kg | 동원홈푸드, 네이버스토어 (그린펠로우로직스) |
| 따뜻한 컵뚜껑 세트 | 16oz 1000개 | 빅커피 |
| 냉동딸기 | 뉴뜨레 1kg | 동원홈푸드, 쿠팡 |
| 딸기잼 | 블루힐 진산 3kg | 네이버스토어(팀쿡코리아) |
| 딸기 퓨레 | 포모나 2kg | 쿠팡, 빅커피 |
| 떡갈비 | 삼양 임꺽정 1.2kg | 동원홈푸드 |
| 떡볶이 | 말랑말랑떡볶이 1호 1kg | 동원홈푸드 |
| 떡볶이 파우더 | 땡큐 20kg | 네이버스토어(땡큐떡볶이소스) |
| 락스 | 탐사_쿠팡PB 2L | 쿠팡 |
| 레몬 퓨레 | 포모나 2kg | 쿠팡, 빅커피 |
| 리뷰 스티커 5000매 | 원하는 문구 선택 | 네이버스토어(커넥팅마인드), 쿠팡 |
| 리코타치즈 | 덴마크 1kg | 동원홈푸드 |
| 냉동 마늘 | 마당발 1kg | 동원홈푸드 |
| 마요네즈 | 대상 3.2kg | 동원홈푸드 |
| 매콤칠리소스 | 그린펠로우 전용상품 2kg | 동원홈푸드, 네이버스토어 (그린펠로우로직스) |
| 메밀면 | 면사랑 1.25kg/봉 | 동원홈푸드 |
| 목살 | 그린펠로우 전용상품 2kg | 동원홈푸드, 네이버스토어 (그린펠로우로직스) |
| 물티슈 | 쓱물티슈 100매 20개 | 쿠팡 |
| 바나나 | 최저가 | CU 편의점, 쿠팡 |
| 바닐라시럽 | 포모나 1000ml | 쿠팡, 빅커피 |
| 바닐라파우더 | 빅트레인 1.59kg | 쿠팡, 빅커피 |
| 바질파스타소스 | 그린펠로우 전용상품 2kg | 동원홈푸드, 네이버스토어 (그린펠로우로직스) |

| 재료명 | 제품명 | 사입경로 |
|---|---|---|
| 바질페스토 | 선인 1kg | 동원홈푸드 |
| 방울토마토 | 대추방울토마토 3kg | 쿠팡 · 농산물시장 |
| 백오이 | 최저가 | 동원홈푸드, 쿠팡 |
| 부채살 | 그린펠로우 전용상품 2kg | 동원홈푸드, 네이버스토어 (그린펠로우로직스) |
| 불고기 | 소, 돼지(델리미트) 5kg | 식봄(온국민신선몰) |
| 불고기버거소스 | 오쉐프 오뚜기 2kg | 동원홈푸드 |
| 붕어빵 반죽 5kg | 최저가 | 네이버스토어(푸드박스), 인터넷 최저가 |
| 브로콜리 | 냉동 브로콜리 1kg | 동원홈푸드, 그린펠로우전용몰(우주식품) |
| 블루베리 | 냉동 블루베리 1.5kg | 동원홈푸드, 그린펠로우전용몰(우주식품) |
| 블루베리 퓨레 | 포모나 2kg | 동원홈푸드 |
| 빨대 10000개 | 최저가 | 쿠팡, 빅커피 |
| 삼겹살 | 그린펠로우 전용상품 2kg | 동원홈푸드, 네이버스토어 (그린펠로우로직스) |
| 새송이버섯 | 2kg 최저가 | 동원홈푸드 |
| 생연어 | 최저가 | 디오션, 그램원플러스 |
| 설탕 | 큐원, 백설 3kg | 동원홈푸드 |
| 설탕 시럽 | 리치스 1.5L | 동원홈푸드 |
| 소떡소떡 | 쿠즈락 1.3kg | 동원홈푸드 |
| 수저 2000개 | 최저가 | 쿠팡, 빅커피 |
| 순후추 | 오뚜기 1kg | 동원홈푸드 |
| 스리라차마요 | 코다노 2kg | 동원홈푸드 |
| 스리라차소스 | 후이퐁, 수리타이 5L | 동원홈푸드, 그린펠로우전용몰(우주식품) |
| 스위트콘 | 테이스트 스위트콘 3kg | 그린펠로우전용몰(우주식품), 동원홈푸드 |
| 스티커(로고) | 10000매 | 비즈하우스 |
| 스프 | 에스파씨오 양송이크림 2kg | 그린펠로우전용몰(우주식품) |
| 스프 뚜껑 · 용기 세트 | 350cc 600개 | 배민상회(큰 그릇이 될거야) |
| 슬라이스햄 | 오뗄 슬라이스햄 1kg | 동원홈푸드, 그린펠로우전용몰(우주식품) |
| 스테이크 시즈닝 | 맥코믹 몬트리얼 822g | 코스트코 |
| 식빵 | 뉴욕샌드위치 990g | 동원홈푸드 |
| 통밀(호밀) 식빵 | 삼립 로만밀 토종효모 755g | 동원홈푸드 |
| 식용유 | 1.8L 해표 사조 콩기름 | 동원홈푸드, 쿠팡 |
| 쌀 | 최저가 20kg | 동원홈푸드, 식봄 |

| 재료명 | 제품명 | 사입경로 |
|---|---|---|
| 생아몬드 | 다맘 생아몬드 1kg | 네이버스토어(다맘이니까, 다 맘 놓고) |
| 아이스컵 뚜껑 세트 | 16oz 2000개 | 네이버스토어(씨앤라이프) |
| 아이스티 | 립톤 907g | 네이버스토어(착한커피몰), 동원홈푸드 |
| 양상추 | 양상추 1box 8kg | 농산물시장, 쿠팡, 식봄 |
| 어니언드레싱 | 쉐프원 크리미양파 2kg | 동원홈푸드 |
| 어묵 | 상천어묵 750g | 동원홈푸드, 식봄 |
| 연유 | 서강 500g | 동원홈푸드 |
| 영수증 빌지 | 79×70 50롤 | 네이버스토어(위고로지스) |
| 오렌지퓨레 | 매일 테너 1.2kg | 동원홈푸드 |
| 오리엔탈드레싱 | 이츠웰 2kg | 네이버스토어(그린펠로우로직스) |
| 피클 | 그리너리 오이피클 3.2kg | 그린펠로우전용몰(우주식품) |
| 올리고당 | 오뚜기 2.45kg | 동원홈푸드 |
| 올리브 슬라이스 | 리치스 블랙올리브 3kg | 그린펠로우전용몰(우주식품) |
| 와사비 | 코우 800g | 동원홈푸드 |
| 와사비간장소스 | 그린펠로우 전용상품 2kg | 동원홈푸드, 네이버스토어 (그린펠로우로직스) |
| 요거트 용기 | 117파이 12oz 세트 500개 | 배민상회, 네이버스토어(한국피엘에이) |
| 요거트 | 서울우유 1.8L | 쿠팡, 홈플러스 |
| 요거트파우더 | 아임요 1kg | 쿠팡, 빅커피 |
| 샐러드 용기 | 크라프트 1500cc 세트 300개 | 네이버(유나팩) |
| 우삼겹 | 그린펠로우 전용상품 2kg | 동원홈푸드, 네이버스토어 (그린펠로우로직스) |
| 우유 | 곰곰 PB상품 900ml | 쿠팡, 대리점 |
| 유산지 | 흑백잡지 WP08 | 쿠팡 |
| 육회 | 그린펠로우 전용상품 2kg | 동원홈푸드, 네이버스토어 (그린펠로우로직스) |
| 육회소스 | 그린펠로우 전용상품 2kg | 동원홈푸드, 네이버스토어 (그린펠로우로직스) |
| 음료 실링지 | 최저가 130×350 | 빅커피 |
| 자몽 퓨레 | 포모나 2kg | 동원홈푸드 |
| 적채 | 최저가 6통 | 동원홈푸드, 쿠팡 |
| 조미김가루 | 진짜 맛있는 김가루 1kg | 그린펠로우전용몰(우주식품) |

| 재료명 | 제품명 | 사입경로 |
|---|---|---|
| 종량제봉투 | 최저가 | 식자재마트 |
| 주방세제 퐁퐁 | 트리오 14kg | 쿠팡, 식자재마트 |
| 찰현미 | 최저가 10kg | 동원홈푸드, 쿠팡 |
| 참기름 | 오뚜기 1.8L | 쿠팡, 식자재마트 |
| 참깨 | 비쉐프 볶음참깨 1kg | 동원홈푸드 |
| 참깨간장소스 | 그린펠로우 전용상품 2kg | 동원홈푸드, 네이버스토어 (그린펠로우로직스) |
| 참깨흑임자드레싱 | 아워홈 2kg | 최저가 검색 |
| 참소스 | 우리식품 고기엔 2.1kg | 쿠팡, 동원홈푸드 |
| 창 봉투 중 | 3500장 | 오렌지포장, 쿠팡 |
| 청포도 퓨레 | 포모나 2kg | 동원홈푸드 |
| 체리 퓨레 | 포모나 2kg | 동원홈푸드 |
| 초코소스 | 퓨어메이드 1.89L | 동원홈푸드, 쿠팡 |
| 모짜렐라치즈 | 최저가 99~100% 2.5kg | 동원홈푸드, 인터넷 최저가 |
| 무색소 슬라이스 | 썬리취 치즈 100매 | 인터넷 최저가 |
| 체다치즈 | 앵커 체다슬라이스 960g | 동원홈푸드, 네이버스토어 (그린펠로우로직스) |
| 치커리 | 최저가 1BOX | 동원홈푸드, 싱싱이음(앱) |
| 치킨 박스 221호 | 500개 | 서울포장 |
| 치킨텐더 | CP, 사세, 참프레 1kg | 동원홈푸드, 쿠팡 |
| 칠리소스 | 스위트 해표 2kg | 쿠팡, 동원홈푸드 |
| 칠성사이다 | 355ml 24개 | 그린펠로우전용몰(우주식품) |
| 칠성제로사이다 | 355ml 144개 | 그린펠로우전용몰(우주식품) |
| 카야브라운잼 | 헹스 1kg, 카야하우스 2.5kg | 그린펠로우전용몰(우주식품), 동원홈푸드 |
| 칵테일새우 | 31/40(페루산) 900g | 동원홈푸드, 인터넷 최저가 |
| 캐리어 | 최저가 200개 | 쿠팡 |
| 캐모마일 | 이너블릭 100매 | 쿠팡, 동원홈푸드 |
| 커피 원두 1kg | 진심블렌딩(전국최저가) | 만월상회(현 샐러가든 사용 원두) |
| 케찹 | 오뚜기 3.3kg | 동원홈푸드, 그린펠로우전용몰(우주식품) |
| 케찹 미니 | 오뚜기 9g 1000개 | 쿠팡 |
| 크랜베리 | 에쓰파시오 크랜베리 1kg | 그린펠로우전용몰(우주식품) |
| 크리스피어니언 | 킹스하베스트 · 헹스 1kg | 그린펠로우전용몰(우주식품) |

| 재료명 | 제품명 | 사입경로 |
|---|---|---|
| 탄산수(초정) | 190ml 150캔 | 동원홈푸드 |
| 테이프 | 리필 12mm 200개 | 쿠팡 |
| 토마토 | 완숙토마토 L~XL 5kg | 식자재마트, 쿠팡 |
| 토마토스파게티소스 | 실쓱 오뚜기 2kg | 쿠팡 |
| 틸라피아 | 최저가 10kg | 네이버스토어(프로틴키친) |
| 파스타면(바네띠) | 500g 20개 | 그린펠로우전용몰(우주식품) |
| 파슬리 | 신영 200g | 동원홈푸드, 그린펠로우전용몰(우주식품) |
| 파인애플 청크 | 아만, 리치스 청크 3kg | 그린펠로우전용몰(우주식품) |
| 파채소스 | 그린펠로우 전용상품 2kg | 동원홈푸드, 네이버스토어<br>(그린펠로우로직스) |
| 팥 | 리치스 통.단.팥 3kg | 네이버스토어(시크릿푸드), 인터넷 최저가 |
| 페퍼민트 | 바른약초 100매 | 쿠팡, 동원홈푸드 |
| 펩시제로콜라 | 최저가 355ml | 그린펠로우전용몰(우주식품) |
| 펩시콜라 | 최저가 355ml | 그린펠로우전용몰(우주식품) |
| 포장 봉투 대 | HD330 800장 | 오렌지포장 |
| 포장 봉투 소 | LD150 2000장 | 오렌지포장 |
| 포장 봉투 중 | HD230 2000장 | 오렌지포장 |
| 포크 | 최저가 2000개 | 쿠팡 |
| 프렌치발사믹 | 쉐프원 2kg | 동원홈푸드 |
| 피자소스 | 비쉐프 프리미엄 2kg | 동원홈푸드 |
| 해시브라운 | 맥케인 1.3kg | 코스트코 |
| 핸드타올 | 클리어 천연펄프 5000매 | 쿠팡 |
| 허니머스타드 | 쉐프원 2kg | 동원홈푸드, 쿠팡 |
| 헤이즐넛시럽 | 포모나 1000ml | 동원홈푸드 |
| 호박 | 최저가 1BOX | 동원홈푸드, 싱싱이음(앱) |
| 홀그레인 | 비룩스, 르네드종 5kg | 그린펠로우전용몰(우주식품) |
| 홀그레인믹스 기본 소스 | 그린펠로우 전용상품 2kg | 동원홈푸드, 네이버스토어<br>(그린펠로우로직스) |
| 홀더슬리브 | 최저가 1000개 | 네이버스토어(인싸컵) |
| 후리가케 | 이엔푸드 노리 500g | 쿠팡, 동원홈푸드 |
| 훈제연어 | 비쉐프, 코호 9kg | 동원홈푸드, 그램원플러스 |
| 훈제오리 | 명일품 8kg | 그린펠로우전용몰(우주식품) |
| 히비스커스 | 다하다 100매 | 쿠팡, 동원홈푸드 |

샌드위치·샐러드 배달장사는 이렇게 하라!

휴대폰 카메라를 켠 뒤, QR코드를 화면에 비추세요.

\* 전체 상품은 모두 전국 최저가로 그린펠로우 전용 회원 동원홈푸드에도 있습니다.

# 02

# 만월상회에서 추천하는
# 음료 제품 라인업

레시피 제공

## 만월상회란?

만월상회는 카페 사장님 전용 원·부자재 플랫폼으로, 회원제로 운영되어 가격이 외부에 공개되지 않는다. 시중가보다 훨씬 저렴한 가격으로 커피·베이스·시럽 등을 공급하며, 카페 업계에서는 널리 알려져 있다. 다만 배달 전문점 사장님들에게는 아직 익숙하지 않은 곳이기에, 아래에서는 만월상회에서 판매하는 품목에 대해 구체적으로 살펴본다.

휴대폰 카메라를 켠 뒤, QR코드를 화면에 비추세요.

\* 만월상회 회원 가입 시, 5천 원 추가 적립 코드: SANDWICH

# 만월상회 자체 생산 품목 Best 7

**만월상회 공장에서 직접 생산하는 시그니처 상품**

| 인기 순위 | 제품명 | 레시피 | 1잔당 원가 | 특징 |
|---|---|---|---|---|
| 1 | 밀크티 원액 베이스 | 원액 : 우유 = 1 : 3 | 약 900원 | 12시간 냉침해서 나오는 맛을 3초 만에 완성 가능. 가장 인기가 많은 베스트셀러 제품 |
| 2 | 말차 원액 베이스 | 원액 : 우유 = 1 : 4 | 약 1,100원 | 요즘 전 세계적으로 말차 트렌드가 인기. 찬 우유에도 잘 녹는 액상형 말차는 만월상회 제품이 유일 |
| 3 | 악마초코 원액 베이스 | 원액 : 우유 = 1 : 3 | 약 900원 | 이름 그대로 악마의 맛. 메가박스 극장에 납품될 정도로 품질 인증. 전국 대형 카페에서는 대부분 사용 중인 상품 |
| 4 | 흑임자 원액 베이스 | 원액 : 우유 = 1 : 2 | 약 1,300원 | 어른들이 특히 좋아하는 흑임자라떼. 고소한 풍미로 에스프레소를 넣어서 응용하면 좋음 |
| 5 | 레몬딜 원액 베이스 | 원액 : 탄산수 = 1 : 3 | 약 1,000원 | 단순 레몬에이드가 아닌 딜허브가 들어가 청량감 있고 퀄리티가 높은 특별한 레몬에이드. 여름 시즌에 특히 인기가 많은 제품 |
| 6 | 피치앤블랙티 원액 베이스 | 원액 : 물 = 1 : 2 | 약 1,100원 | 가루형 립톤에서 느껴지는 인공 첨가제 맛이 나지 않고, 실제 복숭아 과육이 느껴지는 자연적인 복숭아 아이스티 맛 |
| 7 | 쑥 원액 베이스 | 원액 : 우유 = 1 : 4 | 약 800원 | 여성들에게 인기가 많은 이색 음료. 한번 맛보면 꾸준한 단골로 이어지는 스테디셀러 메뉴 |

# 만월상회 PB 상품 Best 5

**만월상회 협력사에 OEM 생산하는 상품으로, 최저가와 최고급 품질을 자랑하는 기획 상품**

| 인기 순위 | 제품명 | 레시피 | 1잔(개)당 원가 | 특징 |
|---|---|---|---|---|
| 1 | 진심콜드브루 | 원액 : 물 = 1 : 3 | 약 472원 | 커피 머신도, 원두도, 아무것도 필요 없이 물만 타면 되는 콜드브루 커피 원액. 뛰어난 품질에 가격 또한 저렴해, 배달 업종에 특화된 제품 |
| 2 | 진심블렌딩 | 2샷에 20g씩 사용 | 약 300원 | 고품질의 아라비카 원두를 최저가로 구매할 수 있도록 공동구매 형식으로 기획된 상품. 전국 어디에도 이 정도 가격을 만나볼 수 없을 정도로 획기적으로 저렴한 원두 |
| 3 | 진심로부스타 | 2샷에 20g씩 사용 | 약 300원 | 한국인이 좋아하는 고소한 원두를 국내 최저가로 만나볼 수 있는 상품. 베트남 G1등급의 고품질의 로부스타 원두. 사무실용으로 인기 최고 |
| 4 | 9시간 쌍화차 | 200g씩 그대로 사용 | 약 1,200원 | 겨울 인기 순위 1위 음료 쌍화차를 9시간 동안 달여 만듦. 별다른 첨가 없이 그대로 부어서 대추, 잣, 호두 등 고명만 올려 제공하면 완성 |
| 5 | 쇼콜라 얼그레이 홍차 블렌딩 티 | 1티백씩 사용 | 약 600원 | 초콜릿의 부드러운 풍미와 홍차의 향긋함이 모두 느껴지는 고급스러운 티백으로, 만월상회가 자체 개발하여 제작된 기획 상품. 오랫동안 우려도 떫은 맛이 없는 게 특징 |

샌드위치·샐러드 배달장사는 이렇게 하라!

# 최저가 유통 상품 Best 5

만월상회가 유통하는 상품으로, 타사 대비 월등히 저렴한 상품

| 인기 순위 | 제품명 | 레시피 | 1잔(개)당 원가 | 특징 |
|---|---|---|---|---|
| 1 | 볶은 카다이프 (MERTCAN) | 10g씩 사용 | 약 270원 | 두바이초콜릿, 두바이쫀득쿠키 필수 재료인 볶은 카다이프. 튀르키예에서 직접 수입하여 가격이 타사 대비 저렴 |
| 2 | 카다이프 스프레드 | 15g씩 사용 | 약 1,600원 | 카다이프와 피스타치오 스프레드가 섞여 있어서 빵이나 떡, 초콜릿에 발라 바로 사용이 가능한 간편형 제품. 품질이 뛰어나 더 이상의 공정이 필요 없으며, 가격 또한 저렴 |
| 3 | 더 맛있는 수박주스 | 200g씩 사용 | 약 1,400원 | 뛰어난 당도를 자랑하는 베트남 수박 100%로 물 한 방울 없이 만들어졌으며, 별다른 가공 없이 그대로 부어서 제공하면 되는 간편형 수박주스 |
| 4 | 베트남 연유 (비나밀크) | 빙수에 50g 사용 | 약 160원 | 베트남 대표 연유로, 단맛과 우유 풍미가 뛰어나 빙수나 라떼에 많이 사용되는 제품 |
| 5 | 꿀유자차(꽃샘) | 약 30g씩 사용 | 약 150원 | 국민 대표 꿀유자차 상품. 공동구매 형식으로 진행하여 국내 최저가로 구매가 가능한 상품 |

# 03

## 운영의 기본을 만드는
## 주방 인테리어·인프라 세팅 가이드

2,000만 원으로 일주일 만에 샌드위치·샐러드 카페 창업하기

| 품목 | 가격 | 비고 |
|---|---|---|
| 선반(슈렉) | 10~20만 원 (개수별로 상이) | 앞바, 뒷바 비용을 아끼기 위해 모든 '작업대', '픽업대', '재고 관리 선반'은 슈렉 선반으로 대체. 설치가 쉬우며 크기별로 다양 |
| 토핑 냉장고 간냉식 1500×700×850 (에버젠) | 약 200만 원 | 규모에 따라 1200까지도 가능하다. 직냉은 청소를 자주 해야 해서 간냉을 추천 |
| 제과 쇼케이스 뒷문형 4단 1500×900 (고고키친) | 약 164만 원 | 드레싱 냉장고로 많이 사용되는 제품. 외부에서 볼 때 투명 드레싱 용기에 담긴 다양한 색상의 드레싱이 자연스럽게 노출되어 인테리어 효과도 크게 살릴 수 있음 |
| 음료 냉장고 5~7대 (포쿨, 지유쿨 등) | 1대당 약 35만 원 | 샌드위치, 샐러드 업종은 '무엇이든' 보여야 하는 업종. 다양한 식재료를 사용하기 때문에 내부가 보이지 않는 냉장고나 반투명 냉장고는 지양. (샐러드 재료용, 샌드위치 재료용, 드레싱 보관용, 포케 보관용, 샐러드 보관용, 야채 보관용 등으로 활용) |
| 음료 냉동고 총 2~3대 (캐리어) | 1대당 약 65만 원 | 샐러드 메인 토핑 역시 냉동 제품을 전자레인지에 돌려야 하는 메뉴들이 많음. 외부가 음료 냉장고와 똑같이 생긴 모델. 메인 재료들을 소분하여 냉동하는 용도로 쓰거나 냉동 제품 보관 용도로 사용 |
| 전기온수기 50~100L (쿠팡) | 약 17만 원 | 목표 매출 3천은 50L로 충분하며, 목표 매출 5천~6천은 100L 구매를 권장. 세척과 설거지 작업이 많아 겨울에 충분한 양의 뜨거운 물 대비 목적 |

샌드위치·샐러드 배달장사는 이렇게 하라!

| 품목 | 가격 | 비고 |
|---|---|---|
| 에어컨 2대<br>(주방, 홀) | 규모에 따라 다름 | 홀과 주방이 분리되어 있다면 여름을 대비하여 반드시 주방에도 작은 에어컨 추가 설치 권장. 평수x3을 하여 12평이면 최소 34평형 4WAY 천장형 에어컨 구매. 스탠딩 에어컨은 공간 차지 이유로 지양 |
| 키오스크<br>[+연결선]<br>(페이히어) | 약 200만 원 | 키오스크는 인건비 1명 대체 가능. 특히 스탠딩형 구매를 권장하며, 외부 설치 시 워크인 고객을 한 명이라도 더 유입시킬 수 있는 강력한 홍보 수단 |
| 주방 싱크대<br>1200<br>(미래주방) | 1대당<br>약 16만 원 | 양상추와 치커리 등 야채 세척을 위해 꼭 1200이 필요. 평수나 규모가 작다면 맞춰 사용해야겠지만 운영 시 불편하지 않으려면 넓은 싱크대 1개 + 작은 싱크대 1개는 필수. (좌날과 우날 반드시 고려해서 구입) |
| 전자레인지 3대<br>MS23C3535AW<br>(최저가) | 1대당<br>약 12만 원 | 최소 2대 이상은 반드시 구매 권장. 대부분 해동시키는 작업과 데워나가는 음식들이 정말 많으므로 바쁠 때는 2개도 모자랄 수 있음. 이는 곧 조리 시간과 직결되기 때문에 업무가 계속 밀릴 수 있음 |
| 인덕션 2~3대<br>(쿠킨터보3) | 1대당<br>약 5만 원 | 가성비로 최고의 성능 인덕션. 재료에 따라 구입 개수를 결정 |
| 에어프라이어<br>3.5L 2~3대<br>(쿠팡PB) | 1대당<br>약 4~10만 원 | 에어프라이어는 종류가 매우 다양. 전력이 너무 낮은 건 시간이 오래 걸려 전력이 높은 제품으로 구매 권장 |
| 그릴<br>(쿠진아트) | 약 9만 원 | 해시브라운, 떡갈비, 케이준치킨텐더를 굽는 데 필수 제품. 튀김기를 대체하기 때문에 그릴만 있으면 튀김기를 구매할 필요 없음 |
| 밥통 2대<br>(쿠쿠) | 1대당<br>약 7만 원 | 포케 판매를 위해 꼭 2대를 준비한다. 2개 모두 손 닿기 편한 곳에 두며, 1개는 메인, 다른 1개는 밥이 모자랄 경우를 대비해 서브용으로 준비 |
| 블렌더<br>(HIMIX-3) | 약 40만 원 | 업무의 효율을 위해 블렌더 2개 구매 권장. 저렴한 제품도 사용해 봤으나 가격 대비 HIMIX-3 성능이 가장 우수 |
| 통돌이<br>(독일비스카) | 약 7만 원 | 비스카 제품을 추천하는 이유는 내부 청소가 용이. 다른 통돌이는 내부 통돌이가 분리되지 않아 곰팡이 발생 등 위생적 위험. 또한 무게도 가볍고 부피도 많이 차지하지 않음 |
| 카이저 제빙기<br>(IMK-3051) | 약 85만 원 | 가장 대중적으로 많이 쓰고 있는 제빙기. 필터 청소 및 순환만 잘해줘도 한여름에 음료 나가는 데 전혀 문제 없이 사용 가능 |

| 품목 | 가격 | 비고 |
|---|---|---|
| 전자동커피머신<br>(닥터커피) | 약 150만 원 | 샌드위치·샐러드 가게에서 사용하는 데 전혀 문제없는 커피머신. 단 1대로 한여름 리뷰이벤트 음료까지 연속 추출해도 문제없는 제품 |
| 정온수기<br>디스펜서<br>(아쿠아s9) | 약 88만 원 | 가장 큰 장점으로 타이머를 설정하면 물이 자동으로 멈추는 기능이 있음. 잠시 다른 일을 하고 와도 물이 넘칠 일이 없음. 타제품은 물을 받을 때 옆에서 계속 지켜봐야 함 |
| 토스트기계<br>(비탄토니오) | 약 5만 원 | 뉴욕샌드위치식빵 전용 토스트 그릴. 뉴욕샌드위치식빵이 크기 때문에 다른 토스트 기계들은 맞지 않는다. 자주 품절되는 제품으로 미리 구입 권장 |
| 계란프라이 기계<br>8구<br>(로켓로지스) | 약 7만 원 | 버너 위에 계란 전용 프라이팬을 놓고 프라이를 하게 되면 사방에 기름이 튀어 청소가 어려움. 이 제품은 한 번에 8개까지 가능하며 깨끗하게 사용 가능 |
| 벌레 퇴치 기계<br>(페스트가드월정액) | 월정액<br>약 1만 원 | 포충기는 개별 구매도 가능하지만, 보통 벌레가 생기는 여름 위주로 사용하기 때문에 여름 4개월 정도만 잠깐 사용하는 것을 권장. 대기업인 세스코나 중소기업 업체들 가격 확인 후 결정 권장 |
| 중국산 실링기<br>(국대상사) | 약 30만 원 | 국내 실링기 모두 써봤지만, 제품은 똑같음. 단지 A/S 유무의 차이. 현재까지 중국산을 사용하면서 단 한 번도 고장 나지 않고 3년째 사용 중. 가격은 4배까지 차이 나기 때문에 저렴한 중국산 제품을 써보는 것도 추천 |
| 적채 기계<br>(신영SY-1600) | 약 100만 원<br>(필수 구매는 아님) | 확실히 돈값을 하는 기계. 보통 적채도 토마토 써는 기계로 커팅할 수 있지만, 이 제품은 적채 전용으로 쓰기 때문에 시간을 많이 아낄 수 있음. 작업 속도, 최고의 효율을 원한다면 크게 투자해 보는 것도 나쁘지 않음 |
| 파채 기계<br>(신영SY-1504) | 약 35만 원<br>(필수 구매는 아님) | 샐러가든의 '파채삼겹살'을 도입할 계획이 있다면 필요한 제품. 꼭 자동 제품이 아니더라도 요즘 수동도 괜찮은 제품들이 있으니, 주문이 많이 들어오지 않는다면 수동 제품을 추천 |
| 노트북 or 포스기<br>(화면 터치 페이히어) | 약 80만 원 | 반드시 터치스크린이 가능한 포스기 구매 권장. 마우스를 그때그때 사용하는 것보다 터치스크린을 활용하는 게 장사하는 데 훨씬 편함. 포스는 금방 느려질 수도 있으니 사양 높은 노트북을 구매를 추천 |
| 마우스<br>(다이소) | 약 5천 원 | 터치스크린을 써도 마우스는 꼭 필요한 제품. 노트북이나 포스기를 쓴다면 마우스는 필수 구매 권장 |

| 품목 | 가격 | 비고 |
|---|---|---|
| 스피커<br>(마샬액톤2 추천) | 약 20만 원 | 최고의 가성비 스피커로 많은 카페에서 마샬 제품을 이용 중. 블루투스 스피커이지만 가게가 꽉 차게 풍부한 사운드를 경험할 수 있음. 돈을 아낄 생각이라면 5천 원 다이소 스피커로 대체하는 것도 권장 |
| 인터넷 설치<br>(통신사 선택) | 후불 청구<br>(5만 원 미만) | 본인이 사용하고 있는 통신사와 중복 할인이 있는지 반드시 확인하고, 있다면 해당 통신사 활용 |
| 와이파이 공유기<br>(쿠팡) | 약 3만 원 | 공유기는 손님들 와이파이 제공을 위해서라도 꼭 필요한 제품 |
| 모토로라 전화기<br>T501A+ | 약 5만 원 | 전화기는 비싼 제품 살 필요 없이 쿠팡 최저가 전화기를 사용 권장. 이때 반드시 발신자의 전화번호가 뜨게끔 해당 통신사에 전화해서 매월 청구되는 서비스 신청 필수 |
| 무선 카드 단말기<br>(페이히어) | 약 20만 원 | 기존 유선 제품과 달리 무선 제품이 새로 출시. 카드 단말기가 있어야 카드 가맹 신청이 가능하며, 포스기와 결제 시스템을 바로 사용하려면 반드시 있어야 하는 제품 |
| 주방용 프린트<br>(페이히어) | 약 20만 원<br>(필수 구매는 아님) | 필수 구매는 아니지만 가게 평수가 클 경우 효율적임. 매번 포스로 달려가 영수증을 뽑을 필요 없음. 주방용 프린트가 있다면 주방 안에서도 동시에 출력이 되기 때문에 동선을 고려한다면 꼭 필요한 제품 |
| 책상(가즈다가구) | 가격 변동 | 인테리어에 어울리는 가구를 확인 후 결정 |
| 의자(로엠가구) | 가격 변동 | 인테리어에 어울리는 가구를 확인 후 결정 |
| 토마토 커팅 기계<br>양배추 채썰기<br>(프리다사라) | 약 9만 원 | 샌드위치·샐러드 가게에서 꼭 필요한 1위 필수 아이템. 토마토, 적채, 양파 등 채 써는 모든 야채를 활용할 수 있는 슬라이서. 손가락이 잘릴 위험도 있기 때문에 사용할 땐 굉장한 주의가 필요한 제품 |
| 도마 700×350<br>(코멕스도마쿠팡) | 약 2만 원 | 다양한 도마를 사용해 봤지만, 결국엔 가벼우면서 큰 도마 사용을 권장. 2개 정도를 구매해서 마감 때 번갈아 가면서 세척을 해 놓으면 효율적으로 사용 가능. 가성비 최고의 도마 제품 |

**휴대폰 카메라를 켠 뒤, QR코드를 화면에 비추세요.**

# 04

## 국내 최초 샌드위치·샐러드
## 협력 브랜드, 그린펠로우

그린펠로우(GreenFellow)는 Green(샌드위치·샐러드)와 Fellow(동료, 동반자)의 의미를 결합해 탄생한 국내 최초의 샌드위치·샐러드 전문 협력 브랜드입니다. 그린펠로우는 "당신의 브랜드는, 당신이 완성합니다."라는 슬로건 아래, 사장님의 든든한 파트너이자 성장 코치가 되는 것을 목표로 합니다. 사장님이 자신만의 브랜드로 당당하게 시장에 진입하고, 흔들림 없이 성장하며, 오랫동안 안정적으로 운영할 수 있도록 돕는 것을 최우선 가치로 삼습니다. 이를 방해하는 '불필요한 인테리어 강요', '로열티', '강제 사입', '계약서', '메뉴 추가·메뉴명 제한', '가격 제한', '물류 공급 중단' 등 모든 요소로부터 사장님의 '운영 자유'를 보장합니다.

샐러가든에서 검증된 '운영 시스템', '레시피', '메뉴 구성', '매뉴얼'을 모두 제공해 사장님이 목표한 브랜드의 약 70~80%까지 완성하도록 돕고, 남은 20%는 사장님만의 개성과 운영 철학으로 채워 '오롯한 자기 브랜드'로 완성할 수 있도록 지원하고 있습니다. 이처럼 그린펠로우는 사장님의 개인 브랜드가 성공에 도달하도록 실질적 지원에 집중합니다. 초기 시장 진입부터 성장, 운영 안정화에 이르기까지 전 과정에서 함께 고민하며, 샌드위치 · 샐러드 업계에서 사장님이 스스로 빛날 수 있도록 든든한 동반자가 되겠습니다.

## 1. 그린펠로우-아카데미

레시피 교육 · 오픈 트레이닝 · 창업 컨설팅 · 코칭 등의 교육 총괄 시스템으로, 예비 · 현직 창업자의 전수 창업을 지원합니다. (협력사 사장님 대상)

1) 홀·배달 상권 및 입지 분석부터 부동산 계약, 주방 인테리어, 동선, 매뉴얼까지 모두 지원
2) 전국 어디든 본점 7회 & 방문 3회 총 10회 교육을 통해 오픈까지 총괄 관리 지원
3) 샐러가든 120여 가지 전 메뉴 레시피 제공 및 메뉴 사진 등록, 배달앱 세팅 지원
4) 운영 시스템, 인프라, 원가 분석표, 손익 집계표 엑셀 파일 제공 후 교육 지원
5) 월 1회 ZOOM 강의를 통해 화상 교육 및 중간 점검·QnA 진행
6) 그린펠로우 협력사 사장님 오픈채팅방을 통한 사후 관리 및 집중 케어

## 2. 그린펠로우-로직스

물류 공급 총괄 시스템으로, 개인 매장 · 가맹점 상관없이 카페 관련 업종이라면 누구나 동원홈푸드 아이디 · 비번 발급이 가능합니다. 샌드위치 · 샐러드 관련 재료만큼은 인터넷 최저가보다 훨씬 더 저렴한 '전국 최저가'로 구입할 수 있도록 최선을 다하고 있습니다. 대표적으로 동원홈푸드 식자재

진용 어플 '푸드가이드'와 '네이버스마트스토어 그린펠로우로직스', '그린펠로우식자재전용몰(우주식품)'이 있습니다.

### 동원홈푸드 '푸드가이드' 소개

1) 인터넷 전국최저가로 '가격파괴' + 냉장·냉동고 '정리'까지 한 번에!

2) 전국 어디든 무료 배송(7만 원 이상부터 주문 가능, 도서 산간 지역 제외)

3) 자체 개발 소스 5종 보유(홀그레인기본믹스, 매콤칠리, 참깨간장, 들기름메밀면, 달콤육회)

4) 샐러드 필수 재료 메인 고기류 6종 보유(닭가슴살, 육회, 부채살, 목살, 삼겹살, 우삼겹)

5) 총 16,000여 개의 제품 Line-Up & 100여 개의 샌드위치 샐러드 재료 즐겨찾기 설정

## 3. 그린펠로우-멘토링

전문가 네트워크 기반의 성장 멘토링 총괄 시스템으로, 현장 경험과 실무 노하우를 갖춘 각 분야 전문가와의 1:1그룹 멘토링을 제공합니다. 단순한 교육을 넘어, 실제 매장 운영과 사업 확장 과정에서 마주하는 문제를 해결하고 '보다 빠른 성장을 위한 실질적 실행력'을 만들어주는 과정입니다.

1) 상권·입지 분석 전문가

2) 카페 비즈니스 전문가

3) 프랜차이즈 사업 전문가

4) 브랜딩·마케팅 전문가

**그린펠로우 협력사 모집 문의(전수창업문의)**

- 이메일: salagarden1002@gmail.com

- SMS 문의: 010-4894-3243

- 네이버카페 '그펠모(그린펠로우모임)': cafe.naver.com/greenfellow

휴대폰 카메라를 켠 뒤, QR코드를 화면에 비추세요.

# 절대 포기하지 마라.
# 당신은 충분히 잘하고 있다!

장사를 하다 보면 어느 날 문득 이런 생각이 든다.

'나는 지금 제대로 가고 있는 걸까?'
'이 길이 맞는 것일까?'

이 질문은 누구나 하지만, 대답은 누구에게서도 쉽게 들을 수 없다. 나 또한 그 답을 찾지 못해 헤매던 시절이 있었다. 그래서 이 책을 쓴 이유도 결국 하나였다. 그때의 나처럼 길을 잃은 누군가에게 작은 불빛 하나가 되어주고 싶어서였다.

여러분은 이 책을 통해 여러 전략과 노하우를 읽었겠지만, **사실 이 책의 진짜 목적은 '방법'을 알려주려는 게 아니다. 당신에게 다시 시작할 용기, 다시 일어설 이유, 그리고 포기하지 않을 열정을 주고 싶었다.** 장사는 결국 버티는 싸움이다. 하지만 무작정 버티라는 말이 아니다. 정확한 목표와 올바른 방향을 알고 버티는 것, 이게 진짜 힘이다. 이 책에서 그 힌트를 조금이라도 얻었다면 그것만으로도 나는 만족한다.

'아, 나도 할 수 있겠다. 방향이 틀렸던 거구나!'
'절실함이 부족했구나…. 다시 시작해봐야겠다!'

이렇게 느꼈다면 당신은 이미 성장할 수 있는 사람이다. 이제는 행동으로 이어지고, 내 매장에 적용해 완성해 나가면 된다.

오늘 단 한 가지라도 바로 실행해달라.

메뉴 하나라도 다시 점검하고, 배달앱 구조를 다시 한번 분석해 보고, 영업시간을 앞뒤로 단 30분이라도 늘려보고, 단골 한 명에게 진심을 담아 메시지를 보내보는 것이다. 이런 작은 행동들이 쌓이면 어느 날 '월매출 1억'이라는 목표에 당신을 세워줄 것이다. 당신은 이미 시작했다. 그리고 시작한 사람은 반드시 도착한다. 여러분도 할 수 있다. 나는 그 과정을, 내 자리에서 언제나 응원할 것이다. 꼭 성장해서 훗날 여러분이 〈샌드위치잘파는 남자_샌코치〉 유튜브 채널에 성공 사례로 출연해 주길 기대한다!

2025년 11월 샌코치 김대의